8 TODOS OS JEITOS DE CRER

TRADIÇÕES

Dora Incontri

Jornalista, doutora e pós-doutora em Educação pela Universidade de São Paulo, professora universitária, coordenadora da Universidade Livre Pampédia.

Alessandro Cesar Bigheto

Graduado em Pedagogia e em Filosofia, mestre em História e Filosofia da Educação pela Universidade Estadual de Campinas, professor universitário.

editora ática

editora ática

Direção geral: Guilherme Luz
Direção editorial: Luiz Tonolli e Renata Mascarenhas
Gestão de projeto editorial: Mirian Senra
Gestão e coordenação de área: Wagner Nicaretta (ger.) e Brunna Paulussi (coord.)
Edição: Andréia Szcypula, André Luiz Botelho Fonseca (assist.)
Gerência de produção editorial: Ricardo de Gan Braga
Planejamento e controle de produção: Paula Godo, Roseli Said e Marcos Toledo
Revisão: Hélia de Jesus Gonsaga (ger.), Kátia Scaff Marques (coord.), Rosângela Muricy (coord.), Ana Curci, Ana Paula C. Malfa, Celina I. Fugyama, Cesar G. Sacramento, Gabriela M. Andrade, Hires Heglan, Lilian M. Kumai, Luís M. Boa Nova, Luiz Gustavo Bazana, Patrícia Travanca, Paula T. de Jesus, Vanessa P. Santos; Amanda Teixeira Silva e Bárbara de M. Genereze (estagiárias)
Arte: Daniela Amaral (ger.), Claudio Faustino (coord.), Daniele Fátima Oliveira (edição de arte)
Diagramação: Select Editoração
Iconografia: Sílvio Kligin (ger.), Denise Durand Kremer (coord.), Iron Mantovanello (pesquisa iconográfica)
Licenciamento de conteúdos de terceiros: Thiago Fontana (coord.), Ricardo Gimenez Corridoni (licenciamento de textos), Erika Ramires, Luciana Pedrosa Bierbauer, Luciana Cardoso Sousa e Claudia Rodrigues (analistas adm.)
Tratamento de imagem: Cesar Wolf e Fernanda Crevin
Cartografia: Eric Fuzii (coord.), Robson Rosendo da Rocha (edit. arte)
Design: Gláucia Correa Koller (ger.), Adilson Casarotti (proj. gráfico e capa)

Avenida das Nações Unidas, 7221, 3º andar, Setor A
Pinheiros – São Paulo – SP – CEP 05425-902
Tel.: 4003-3061
www.atica.com.br / editora@atica.com.br

Dados Internacionais de Catalogação na Publicação (CIP)
(Câmara Brasileira do Livro, SP, Brasil)

Incontri, Dora
Todos os jeitos de crer 8º ano tradições / Dora Incontri, Alessandro Cesar Bigheto. -- 3. ed. -- São Paulo : Ática, 2018.

Suplementado pelo manual do professor.
Bibliografia.
ISBN 978-85-08-19009-6 (aluno)
ISBN 978-85-08-19010-2 (professor)

1. Ensino religioso (Ensino fundamental)
I. Bigheto, Alessandro Cesar. II. Título.

18-19133 CDD-377.1

Índices para catálogo sistemático:
1. Religião : Ensino fundamental 377.1
Iolanda Rodrigues Biode - Bibliotecária - CRB-8/10014

2022
Código da obra CL 740201
CAE 628014 (AL) / 628015 (PR)
3ª edição
3ª impressão

Impressão e acabamento: Bercrom Gráfica e Editora

Uma publicação SOMOS EDUCAÇÃO

plurall

Parabéns!
Agora você faz parte do **Plurall**, a plataforma digital do seu livro didático!
Acesse e conheça todos os recursos e funcionalidades disponíveis para as suas aulas digitais.

Baixe o aplicativo do **Plurall** para Android e IOS ou acesse **www.plurall.net** e cadastre-se utilizando o seu código de acesso exclusivo:

AAAHKDPUY

Este é o seu código de acesso Plurall.
Cadastre-se e ative-o para ter acesso aos conteúdos relacionados a esta obra.

@plurallnet

@plurallnetoficial

SOMOS EDUCAÇÃO

Apresentação

Querido aluno

Esta coleção, que foi elaborada com muita pesquisa, reflexão e fé, pretende aproximar você do que há de mais belo, profundo e elevado nas religiões do planeta. Pretende, igualmente, ajudá-lo a pensar criticamente sobre os anseios e os problemas humanos.

Há verdades em toda parte – e o divino se manifesta entre todos os povos –, mas há também abusos humanos em toda parte – e muitas guerras, violências e tolices já foram praticadas em nome da religião. Por isso é tão importante respeitar todas as formas de fé, mantendo-se alerta para não cair em posturas de fanatismo e intolerância.

Este livro é especial em muitos aspectos, entre os quais destacamos:

- **o conteúdo** – pela diversidade de informações. Não pretendemos convencê-lo a seguir essa ou aquela fé. Queremos, isto sim, que você se aprofunde no conhecimento de sua própria religião e, ao mesmo tempo, conheça e respeite a crença dos outros – o mesmo vale para aqueles que não professam nenhuma fé.
- **o formato** – pela riqueza de temas, abordagens e atividades. O professor pode selecionar algumas propostas e você pode sugerir outras. É possível estudar os capítulos em uma ordem diferente da que está no livro: você tem a oportunidade de fazer acordos com o professor sobre o que estudar primeiro, desde que respeite as ponderações e os interesses da maioria.
- **a interdisciplinaridade** – pela variedade de áreas do conhecimento abordadas. O objetivo não é refletir apenas sobre as religiões, mas também sobre História, Arte, Política, Filosofia, Ciências e muitos outros temas.

Volume 8: Tradições – oferece as práticas e os conhecimentos transmitidos pelos livros sagrados ou pela tradição oral em todos os cantos do mundo.

Esperamos que este material seja útil e agradável, mas especialmente que o leve a pensar sobre as questões fundamentais da existência, com amor, otimismo e fé.

Com carinho,

Dora e Alessandro

Por dentro do seu livro

Organizados em quinze capítulos, os livros desta coleção contam com grande variedade de seções. Além da riqueza informativa, ao folheá-los perceberá que também se diferenciam pelo requinte visual: diversas imagens, de todos os campos de estudo, cuidadosamente selecionadas para facilitar seu aprendizado. Neste volume, você terá:

Importância cultural

O livro sagrado

198 CAPÍTULO 12

Texto principal com o conteúdo que julgamos indispensável você conhecer sobre cada tema.

Seção **Bebendo na fonte...**: oportunidade para você entrar em contato com os textos originais dos autores e dos livros citados ao longo de cada capítulo. Sempre que o texto apresenta termos que não fazem parte do seu cotidiano, você encontra seu significado próximo ao termo, para facilitar a compreensão do conteúdo.

BEBENDO NA FONTE DOS LIVROS SAGRADOS

A universalidade das religiões

16 CAPÍTULO 1

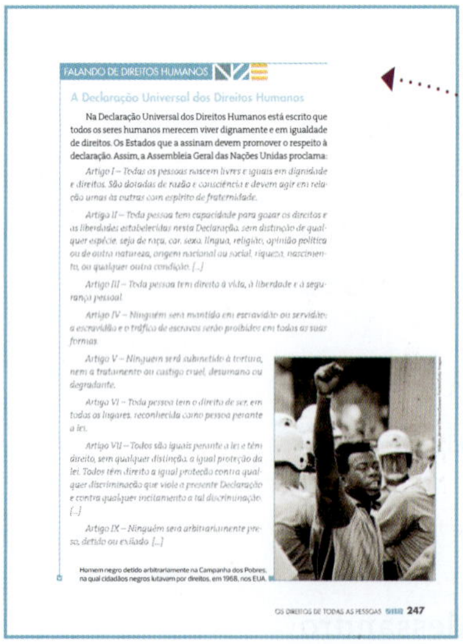
FALANDO DE DIREITOS HUMANOS

A Declaração Universal dos Direitos Humanos

OS DIREITOS DE TODAS AS PESSOAS 247

Seção **Falando de...**: uma ampliação do tema tratado no capítulo. Por meio dela, fazemos pontes com os mais variados assuntos. Por isso seu título varia: **Falando de História**, **Falando de Filosofia**, **Falando de Sociedade**, etc.

Seções **De olho no Brasil** e **De olho no mundo**: informações sobre atualidades relacionadas ao tema do capítulo, proporcionando uma visão mais abrangente de cada tema.

Seções de atividades bastante variadas, com propostas como expressão escrita, argumentação oral, dramatizações, pesquisas, debates, entrevistas, etc. Constante estímulo ao autoconhecimento, à reflexão e ao respeito mútuo.

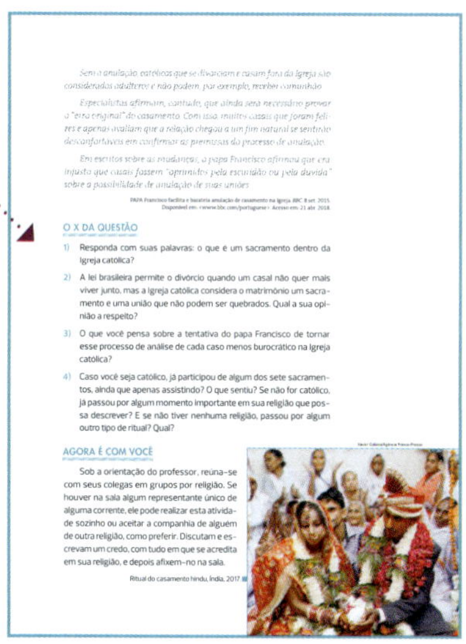

Seções com dicas que misturam estudo e lazer: **Sessão de cinema**; **Sessão de leitura**; **Sessão de música**. Em cada uma você encontra perguntas que guiam a sua experiência, tornando possível absorver ainda mais o conhecimento.

Seção **E para terminar**: exercícios para fixar melhor o conteúdo exposto no capítulo. Além disso, você entra em contato com textos ou orações de diversas tradições religiosas e filosóficas, ampliando ainda mais o contato com aquilo que outras pessoas pensam e acreditam.

Sumário

Museu de Arqueologia e etnologia-USP-SP/Arquivo da editora

CAPÍTULO 12

A fé do islã

CAPÍTULO 13

A proposta espírita

CAPÍTULO 14

O lado oculto e mágico da fé

CAPÍTULO 15

Os direitos de todas as pessoas

E+/Getty Images

iStockphoto/Getty Images

1 Onde mora a divindade?

O ser humano busca Deus das mais diversas maneiras e tenta representá-Lo de alguma forma desde tempos remotos, quando ainda nem havia a escrita e os registros daquilo que considerava importante eram feitos por meio da tradição oral ou de desenhos em cavernas.

De onde vêm as crenças?

Em todos os povos há quem acredite em alguma coisa. A religião é a forma mais antiga do conhecimento humano, além disso é uma vivência humana e uma prática cultural. Antes de existir a filosofia, antes que a ciência fosse praticada, antes que o direito político fosse estabelecido, o ser humano já possuía práticas de devoção a deuses ou a espíritos; ou, ainda, rituais de invocação e adoração das forças da natureza. Possivelmente nunca houve uma cultura que não tivesse alguma forma de religiosidade.

Alamy/Fotoarena

Teto em caverna na ilha de Páscoa, Chile, com pinturas relacionadas ao culto do homem-pássaro.

Quando as culturas são fundamentadas nas tradições orais, sem o uso da escrita, os rituais, as crenças, os valores vão sendo passados de geração em geração, isto é, dos mais velhos aos mais novos. Quando a civilização inventa a escrita, aos poucos, várias religiões passam a se basear em livros. Neste volume, conheceremos tanto tradições orais quanto tradições escritas.

Alamy/Fotoarena

Zaratustra, fundador do zoroastrismo, religião monoteísta. Escultura em templo na Índia.

Uma questão polêmica

Há quem diga que, no fundo, todas as religiões têm algo em comum. E há quem discorde, dizendo que todas as religiões são diferentes.

Aqueles que defendem um denominador comum entre as religiões buscam provar isso de diferentes formas. Um argumento aceitável é que todas as religiões cultuam alguma divindade. Mesmo os budistas, que não acreditam num Deus criador, veneram Buda e os seres que já atingiram a iluminação.

Pakin Songmor/Getty Images

Cabeça da estátua de Buda em Wat Mahathat, Província de Ayutthaya, Tailândia.

Sagrado: referente às coisas divinas; inviolável, puríssimo.

Outro raciocínio é que todas as religiões ensinam valores positivos e que fazem bem ao ser humano, como a fraternidade e a solidariedade. Ou, o mais comum entre as religiões, é que todas acreditam nos espíritos ou na vida após a morte.

Um estudioso desse assunto, chamado Mircea Eliade (1907-1986), afirmava que a essência da religião é a ideia do sagrado. Segundo ele, há um mundo além do mundo cotidiano, real, que é o mundo sagrado, constituído de ritos, templos, valores, mitos, deuses.

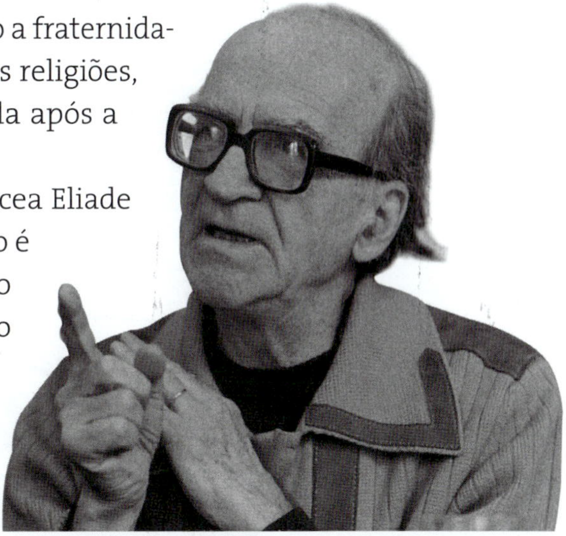

Ulf Andersen/Getty Images

Mircea Eliade. Foto de 1968.

Muitos deuses ou um só Deus?

Godong/UIG/Getty Images

Deus Brama, principal divindade hindu, no templo de Wat Duang Di, Tailândia. Foto de 2016.

As religiões monoteístas acreditam que há um só Deus, absoluto, eterno, que governa todas as coisas. As politeístas acreditam em muitos deuses. Mas ainda aí há polêmicas, porque existem estudiosos que dizem identificar sempre uma unidade, mesmo quando há vários deuses. Ou seja, para esses estudiosos, até entre os politeístas haveria sempre um Deus supremo (por exemplo, Zeus, dos gregos, ou Brama, dos hindus).

E, ainda quando não se pode identificar um Deus supremo, haveria sempre algum princípio unindo todas as coisas. Os críticos dessa posição argumentam que as religiões monoteístas querem ver seu Deus único em toda parte.

O fato é que o culto a alguma divindade é um dos traços mais comuns em todos os tempos. Esse culto também pode ser prestado aos mortos, aos antepassados, aos espíritos.

Os cultos de todos os tempos

Desde os primórdios da história humana, vemos os homens e as mulheres como seres religiosos, realizando algum tipo de culto. Seja para pedir bênçãos, colheitas fartas, amores felizes ou para o afastamento de calamidades e doenças, seja para agradecer pela vida, seja para louvar a beleza das coisas ou comunicar-se com o sagrado, o ser humano fala à divindade e presta-lhe homenagens.

Dario Oliveira/Anadolu Agency/Getty Images

Oração na Mesquita do Brasil no ritual sagrado Eid Al-Adha. São Paulo, 2016.

Nos ritos mais antigos (e em alguns atuais), sacrificam-se seres vivos, como cordeiros, touros ou aves (antigamente, como ocorria entre os astecas e os celtas, seres humanos também eram sacrificados), para oferecê-los aos deuses.

Na Igreja católica, oferece-se o sacrifício da missa, que é o corpo e o sangue de Jesus ofertados por meio da hóstia e do vinho.

No islamismo, o jejum é realizado como sacrifício de purificação.

Em todas as religiões existe a prática da oração. Em pé, sentado, ajoelhado, prostrado; em voz alta, em pensamento, cantando, sozinho ou em grupos, o ser humano ora. Orações que pedem, prometem, louvam, agradecem e que procuram se elevar além das coisas terrenas para alcançar a esfera divina.

Praticantes do candomblé em ritual sagrado na orla do rio Vermelho, Salvador (BA), 2014.

Pictures Ltd./Corbis/Getty Images

Os lugares sagrados

Para prestar culto às divindades, orar e comunicar-se com os céus, há lugares considerados sagrados. Os indígenas brasileiros têm a sua casa de oração, como os católicos e os evangélicos têm as suas igrejas. Os budistas e os hindus têm seus templos. Os judeus, suas sinagogas. Os muçulmanos, suas mesquitas. Nos templos, a comunidade religiosa se encontra, ora em conjunto e fortalece a fé.

Luciano Mortula/LGM/Shutterstock

Interior da Mesquita Azul em Istambul. Foto de 2016.

Mas não é só o templo o lugar sagrado para orar. A maioria das religiões considera a casa também um local de orações. Altares domésticos existiam entre os romanos e existem ainda hoje entre budistas, hindus, umbandistas e candomblecistas. São bastante comuns entre os católicos, com seus santos e santas. E é também no lar que os espíritas kardecistas fazem o culto do Evangelho, que são orações em família com a leitura de livros de Allan Kardec ou de mensagens de espíritos.

Angelika Warmuth/Alamy/Fotoarena

Altar doméstico na cidade de Grainau, na Alemanha, em foto de 2017.

Há cultos e orações feitos ao ar livre, em meio à natureza. Os antigos celtas, por exemplo, faziam seus rituais na floresta e consideravam as árvores sagradas.

Album/Fotoarena

Cerimônia druida de coleta de visco na floresta. Ilustração do século XIX de autor desconhecido.

No século XX, tivemos pela primeira vez orações no espaço, dentro de naves e foguetes, feitas por astronautas olhando a imensidão semeada de estrelas e a nossa Terra azul, orbitando no espaço.

Science Photo Library/Fotoarena

Astronauta em atividade fora da nave espacial e o planeta Terra. Foto de 1984.

O X DA QUESTÃO

1) As religiões têm algo em comum ou são totalmente diferentes? Qual é a sua posição sobre isso? Por quê?

2) O ser humano procura a divindade de diversas formas. Você busca Deus? De que maneira?

3) Para quase todas as religiões, o lar é um local sagrado. O que você pensa sobre isso?

A universalidade das religiões

Sectário: intolerante, intransigente.

Em toda a história humana, as religiões muitas vezes mostram um lado sectário: acham que detêm a verdade absoluta; só os seus adeptos é que podem salvar-se ou são melhores do que os seguidores das outras religiões. Esse tipo de mentalidade gera preconceito, fanatismo e impede o diálogo com o diferente. O medo do diferente, discriminações socialmente propagadas e opiniões distorcidas podem formar em nossa mente ideias equivocadas e julgamentos apressados, generalizações simplistas e rigidez de pensamento. Essa atitude pode ser vista na boca das pessoas quando ouvimos as seguintes expressões: "crente = fanático"; "espírita = macumbeiro"; "adepto do candomblé = adepto do demônio"; "católico = idólatra"; ou o que vem sendo disseminado mais atualmente: "muçulmano = terrorista". Isso cria uma barreira mental que nos impede de reconhecer as riquezas e a beleza de cada religião.

Andre Melo/Futura Press

Manifestação contra a intolerância religiosa no Rio de Janeiro em 2017.

Para se evitar essa situação, os setores mais avançados das religiões reconhecem que elas possuem aspectos em comum com as outras. Que é possível o diálogo e que não podemos condenar alguém só porque tem crenças diferentes das nossas. Vejamos alguns pontos de vista.

A Igreja católica afirma:

De muitos modos, na sua história e até hoje, os homens exprimiram a sua busca de Deus em crenças e comportamentos religiosos (orações, sacrifícios, cultos, meditações, etc.). Apesar das ambiguidades de que podem enfermar, estas formas de expressão são tão universais que bem podemos chamar ao homem um ser religioso. [...]

Catecismo da Igreja católica. 28.
Disponível em: <www.vatican.va/archive/cathechism_po/index_new/prima-pagina-cic_po.html>.
Acesso em: 17 abr. 2018.

O *Bhagavad Gita*, livro sagrado dos hindus, atribui a Deus as seguintes palavras:

> *[...] ainda que os homens adorem vários deuses e várias imagens, e tenham diferentes concepções da deidade adorada, e até pareçam as suas ideias ser contraditórias entre si, toda a sua fé se inspira em mim. [...] E, em verdade te digo, eu aceito e recompenso essa fé e adoração, uma vez que seja honesta e conscienciosa. [...]*
>
> *Bhagavad-Gîtâ*: a mensagem do mestre. 7,21-22. 22. ed. São Paulo: Pensamento, 2006. p. 89-90.

Deidade: divindade; deus ou deusa.

Noorullah Shirzada/Agência France-Presse

Garoto lendo o Alcorão em mesquita de Jalalabad, no Afeganistão, 2017.

No Alcorão, livro fundador do islamismo, está escrito:

> *[...] todos os que creem em Deus e no último dia e praticam o bem obterão sua recompensa de Deus e nada terão a se recear e não se entristecerão.*
>
> *O Alcorão*: livro sagrado do islã. 2:62. Tradução de Mansour Challita. 12. ed. Rio de Janeiro: BestBolso, 2017. p. 34.

O QUE VOCÊ ENTENDEU?

O que você identifica de comum entre esses textos das tradições católica, hindu e islâmica? Justifique sua resposta.

O X DA QUESTÃO

As pessoas que têm uma fé monoteísta acreditam que existe um único Deus, que dá sentido a todas as coisas, que as criou, as governa e é, ao mesmo tempo, misericórdia e amor. Já os ateus, que não aceitam a ideia da existência de um deus, argumentam que foi o ser humano que inventou essa ideia para dar um sentido às coisas, para confortar as pessoas diante do nada da vida, da finitude da morte e da angústia da existência. Ou seja, os primeiros consideram que Deus criou os seres humanos; os outros, que os humanos criaram Deus.

Sob a orientação do professor, debata o assunto com seus colegas e defenda uma destas posições:

1) Deus existe e é a origem de tudo.
2) Deus não existe, nós é que gostamos de imaginá-lo.
3) Talvez Deus exista, talvez não exista; não temos como saber.

FALANDO DE ARTE

A representação do divino

Uma das formas mais antigas e universais de o ser humano exprimir sua religiosidade é por meio da arte. Por isso, religião e arte sempre estiveram intimamente ligadas. O sentimento religioso já produziu belíssimas obras artísticas: as catedrais cristãs, as estátuas de Buda, as pirâmides do Egito, as esculturas gregas, a arte decorativa islâmica e judaica, a música sacra de Händel, Bach, Vivaldi ou Beethoven, a literatura mística islâmica ou cristã – apenas para citar alguns exemplos. Há séculos, a religião serve de inspiração para os artistas. Na arte religiosa, o ser humano exprime sua busca pelo divino.

Parte dos antropólogos e sociólogos reconhece que nas sociedades humanas sempre houve princípios religiosos. Supõe-se que até mesmo as pinturas das cavernas, que datam de mais de 20 mil anos, têm algum sentido religioso.

Na Antiguidade, os deuses eram representados em estátuas e pinturas. Com o advento do monoteísmo, no entanto, criou-se a seguinte discussão: Deus pode ser representado de forma artística?

Nas religiões pagãs, essa resposta é simples: os politeístas conhecem os seus deuses e podem representá-los. No paganismo há uma variedade de formas artísticas. Os egípcios retratavam seus deuses em estátuas. Os mesopotâmicos, os babilônios e os assírios construíam templos, retratavam como seria a vida após a morte e produziam estátuas de seus deuses. Entre esses povos, o deus principal era representado como um homem velho e de barbas longas. Os celtas também faziam estátuas de seus deuses. Os gregos erguiam lindos templos para abrigar as imagens divinas, tradição herdada pelos romanos.

No hinduísmo e no budismo as formas de arte religiosas são milenares. A figura de Buda, que a princípio não podia ser representada, foi esculpida inúmeras vezes, tornando-se o símbolo da arte budista.

Nas religiões monoteístas essa questão é mais delicada. Muitos monoteístas não aceitam que Deus seja representado por imagens, pois acreditam que a idolatria, que é a adoração de imagens, deve ser evitada. Argumentam que não se pode conhecer a verdadeira aparência de Deus.

Christophel Fine Art/UIG/Getty Images

Escultura em calcita de Solbek, o deus-crocodilo, ao lado do Faraó Amenófis III, no templo de Luxor, Egito.

Album/Fotoarena

Deus-Pai, afresco de 1761 pintado por Mikhail de Salónica e Georgi de Bucareste em igreja dedicada aos arcanjos Miguel e Gabriel, construída em 1600 em Arbanassi, Bulgária.

No cristianismo há uma vertente que aceita a representação artística de Deus, pois a função da arte é representar o divino, e outra que rejeita qualquer imagem de Deus feita por mãos humanas. Chamam essas tentativas de representação de Deus de blasfêmia. Para a maioria dos cristãos, pode-se retratar Jesus, que é a encarnação de Deus, ou a forma humana de Deus. Assim, representa-se um homem, embora seja um homem-Deus.

Blasfêmia: ultraje, insulto.

No islamismo e no judaísmo, a representação de Deus é proibida para evitar a idolatria e preservar o monoteísmo. Nessas religiões, a arte é apenas decorativa e arquitetônica.

Entre os que aceitam a representação por imagens, como os católicos, não há a ideia de que se pratica a idolatria. Para eles, não se está adorando imagens. Elas serviriam apenas como inspiração e para estimular a lembrança de Deus ou dos santos.

Alamy/Fotoarena

Estátua de Júpiter, principal divindade da Roma antiga, localizada na praça Venezia, Roma, Itália.

AGORA É COM VOCÊ

1) Para você, Deus pode ser representado por meio da arte? Por quê?

2) Sob a orientação do professor, reúna-se com seus colegas, em grupos, para a realização do seguinte projeto: produzir uma obra de arte religiosa. Pode ser uma pintura, uma colagem, uma estátua de argila, um poema, uma música ou uma peça de teatro. Escolham o tema ou o sentimento religioso que desejam expressar. Se houver pessoas de diferentes religiões no grupo, escolham uma ideia ou sentimento que seja comum a todos. No final, a obra pode ser encenada ou exposta em sala.

FALANDO DE ARTE SACRA

Renascimento

Mecenas: pessoas ricas e poderosas (nobres, comerciantes, banqueiros) que patrocinavam artistas visando alcançar prestígio na sociedade renascentista.

Sob o patrocínio da Igreja católica e dos mecenas, a arte renascentista italiana tratou de temas religiosos. Michelangelo Buonarroti (1475-1564), um dos maiores artistas da História, representou a criação do mundo e do ser humano na famosa Capela Sistina. Nessas pinturas, Deus aparece como um homem velho de barbas brancas.

Observe alguns detalhes da Capela Sistina.

Reprodução/Capela Sistina, Vaticano

A criação de Adão, afresco de 1511-1512 pintado por Michelangelo no teto da Capela Sistina.

Mondadori/Getty Images

O dia do julgamento final, afresco de Michelangelo na parede da Capela Sistina.

Gerardo Borbolla/Alamy/Fotoarena

Teto da Capela Sistina, produzida por Michelangelo, no Vaticano.

A fé brasileira

O Brasil é o país com o maior número de católicos do mundo. Nos últimos anos, o protestantismo, especificamente as igrejas pentecostais e neopentecostais, tem crescido vertiginosamente, ao passo que outras religiões há muito fazem parte da nossa cultura. As religiões de raízes afro-brasileiras e o espiritismo possuem muitos representantes e simpatizantes no Brasil. O sentimento religioso brasileiro impressiona os pesquisadores.

O povo brasileiro é espiritual e místico goste ou não goste a intelectualidade secularizada, em geral, sem ou com tênue organicidade com os movimentos populares e sociais.

O povo não passou pela escola dos modernos mestres da suspeita que, em vão, tentaram deslegitimar a religião. Para o povo, Deus não é um problema, mas uma solução de seus problemas e o sentido derradeiro de seu viver e de seu morrer. Ele sente Deus acompanhando seus passos, celebra-o nas expressões do cotidiano como "meu Deus", "graças a Deus", "Deus lhe pague", "Deus o acompanhe", "queira Deus" e "Deus o abençoe". Geralmente muitos ao desligar o telefone se despedem com "fique com Deus". Se não tivesse Deus em sua vida, certamente, não teria resistido com tanta fortaleza, humor e sentido de luta aos séculos de ostracismo social.

O cristianismo ajudou a formar a identidade dos brasileiros. No tempo da Colônia e do Império ele entrou pela via da missão (igreja institucional) e da devoção aos santos e santas (cristianismo popular). Modernamente está entrando pela via da libertação (círculos bíblicos, comunidades de base e pastorais sociais) e pelo carismatismo (encontros de oração e de cura, grandes shows*-celebrações dos padres midiáticos). Fundamentalmente o cristianismo colonial e imperial educou as classes senhoriais sem questionar-lhes o projeto de dominação e domesticou as classes populares para se ajustarem ao lugar que lhes cabia na marginalidade. Por isso a função do cristianismo foi extremamente ambígua, mas sempre funcional ao* status quo *desigual e injusto. Raramente foi profético. No caso da escravidão foi francamente legitimador de uma ordem iníqua.*

Somente a partir dos anos 50 do século passado, setores importantes de sua institucionalidade (bispos, padres e religiosos e religiosas, leigos e leigas) começaram um processo de deslocamento de seu lugar social no centro, rumo à periferia onde o povo pobre vivia. Surgiu o discurso da promoção humana integral e da libertação sócio-histórica cuja centralidade é ocupada pelos oprimidos que já não aceitam mais sua condição de oprimidos. Pelo fato de serem simultaneamente pobres e religiosos, tiraram de sua religião as inspirações para a resistência e para a libertação rumo a uma sociedade com mais participação popular e mais justiça. Emerge um cristianismo novo, profético, libertador e comprometido com as mudanças necessárias.

Mas a maior criação cultural feita no Brasil é representada pelo cristianismo popular. Colocados à margem do sistema político e religioso, os pobres, indígenas e negros deram corpo a sua experiência espiritual no código da cultura popular que se rege mais pela lógica do inconsciente e do emocional do que do racional e do doutrinário. Elaboraram assim uma rica simbologia, as festas aos seus santos e santas fortes, uma arte colorida e uma música carregada de sentimento associada à noble tristesse*. Ele não significa decadência do cristianismo oficial, mas uma forma diferente, popular e sincrética de expressar o essencial da mensagem cristã.*

*As religiões afro-brasileiras, o sincretismo urdido de elementos cristãos, afro-brasileiros e indígenas, representam outra criação relevante da cultura popular. Abstraindo de algum fundamentalismo evangélico, o povo em geral não é dogmático, nem obcecado em suas crenças. É tolerante, pois crê que Deus está em todos e todos os caminhos terminam nele. Por isso é multiconfessional e não se envergonha de ter várias pertenças religiosas. A síntese é feita dentro de seu coração em sua espiritualidade profunda. A partir daí compõe o rico tecido religioso. O antropólogo Roberto DaMatta o exprimiu acertadamente: "No caminho para Deus posso juntar muita coisa. Nele, posso ser católico e umbandista, devoto de Ogum e de São Jorge. A linguagem religiosa de nosso país é, pois, uma linguagem de relação e da ligação. Um idioma que busca o meio-termo, o meio caminho, a possibilidade de salvar todo o mundo e de em todos os locais encontrar alguma coisa boa e digna" (*O que faz o brasil, Brasil*, Rocco, Rio de Janeiro 1984, 117).*

Especialmente importante é a contribuição civilizatória trazida pelas religiões afro (nagô, candomblé, macumba, umbanda e outras) que aqui a partir de suas próprias matrizes africanas elaboraram rico sincretismo. Cada ser humano pode ser um incorporador eventual da divindade em benefício dos outros. Negados socialmente, desprezados politicamente, perseguidos religiosamente, as religiões afro-brasileiras devolveram autoestima à população negra, ao afirmar que os orixás africanos os enviaram a estas terras para ajudar os necessitados e para impregnar de axé (energia cósmica e sagrada) os ares do Brasil. Apesar de escravos cumpriam uma missão transcendente e de grande significação histórica.

Diogo Grande/Alamy/Fotoarena

Esculturas de orixás no dique do Tororó, em Salvador (BA). Foto de 2015.

Foram os negros e os indígenas que conferiram e conferem uma marca mística à alma brasileira. Todos se sabem acompanhados pelos santos e santas fortes, pelos orixás, pelo Preto Velho (umbanda) e pela mão providente de Deus que não deixa que tudo se perca e se frustre definitivamente. Para tudo há jeito e existe uma saída benfazeja. Por isso há leveza, humor, sentido de festa em todas as manifestações populares.

O futuro religioso do Brasil não será, provavelmente, o seu passado católico. Será, possivelmente, a criação sincrética original de uma nova espiritualidade ecumênica que conviverá com as diferenças (a tradição evangélica em ascensão, o pentecostalismo, o kardecismo e outras religiões orientais) mas na unidade da mesma percepção do Divino e do Sagrado que impregna o cosmos, a história humana e a vida de cada pessoa.

BOFF, Leonardo. *O povo brasileiro:* um povo místico e religioso. Disponível em: <http://leonardoboff.wordpress.com/2014/03/16/o-povo-brasileiro-um-povo-mistico-e-religioso/>. Acesso em: 19 mar. 2018.

Marco Ferrarin/Getty Images

Da janela de uma igreja católica se vê a Cúpula da Rocha em Jerusalém.

Ostracismo: indiferença, desprezo.

Iníqua: injusta.

***Noble tristesse*:** nobre tristeza.

E PARA TERMINAR

A história a seguir, citada pelo teólogo Leonardo Boff em um de seus artigos, é de um indígena Cherokee norte-americano:

Um homem sussurrou: Deus, fale comigo! E um rouxinol começou a trinar. Mas o homem não prestou atenção. Voltou a perguntar: Deus, fale comigo! E um trovão reboou pelo espaço. Mas o homem não deu importância. Perguntou novamente: Deus, deixa-me vê-lo! E uma enorme lua brilhou no céu profundo. Mas o homem nem reparou. E, nervoso, começou a gritar: Deus, mostra-me um milagre! E eis que uma criança nasceu. Mas o homem não se debruçou sobre ela para admirar o milagre da vida. Desesperado, voltou a gritar: Deus, se você existe, me toque e me deixa sentir a sua presença, aqui e agora. E uma borboleta pousou, suavemente, em seu ombro. Mas ele, irritado, a afastou com a mão.

Reboou: ecoou fortemente.

Victor Tyakht/Fotosearch/Latinstock

Rouxinol cantando, em Moscou, Rússia.

Desiludido e entre lágrimas, continuou seu caminho. Vagueando sem rumo. Sem nada mais perguntar. Só e cheio de medo. Porque não soube ler os sinais da presença de Deus.

BOFF, Leonardo. Como experimentar Deus hoje. *Jornal do Brasil*, 20 jun. 2016. Disponível em: <www.jb.com.br/leonardo-boff/noticias/2016/06/20/como-experimentar-deus-hoje/> Acesso em: 19 mar. 2018.

1) Qual é a mensagem principal desse texto a respeito de Deus?

2) Você já escutou Deus por meio das coisas simples? Como foi?

"

Ó Deus, dai-nos a visão para poder ver o vosso Amor no mundo, apesar das falhas humanas, dai-nos a fé para ter confiança em vossa bondade, apesar de nossa ignorância e nossas fraquezas; dai-nos a sabedoria para que possamos continuar orando com os corações abertos e mostrai-nos o que cada um de nós pode fazer para tornar mais próximo o dia futuro da paz universal.

Amém.

Martin Bormann.

In: TÓTH, Dom Veremundo. *Cristo caminha conosco na Igreja*. 4. ed. São Paulo: Edições Loyola, 2003. p. 21.

"

Rita Barreto/Acervo da fotógrafa

Menina indígena do povo Kuikuro, habitante do Alto Xingu (MT), 2007.

2 Nossas raízes indígenas

As raízes do Brasil

Embora seja costume dizer que o Brasil foi "descoberto" pelos portugueses, os indígenas já habitavam há muito tempo nossa terra. Na verdade, as terras que hoje formam o Brasil foram tomadas pelos europeus. Hoje temos de "redescobrir" os indígenas, aprender que eles são a base da formação do Brasil, e vê-los com mais senso de justiça, na sua condição de raiz importante e marginalizada da nossa cultura.

Para estudiosos, o termo *índio* carrega um preconceito, por tratar-se de um erro histórico. Quando os colonizadores chegaram às novas terras, acharam que haviam chegado à Índia e acabaram chamando genericamente todos de "índios". Portanto, é como um apelido, com uma conotação pejorativa. Alguns autores sugerem substituir a palavra *índio* pelas palavras *ameríndio* ou *indígena*, que designariam o nativo do continente americano. Neste livro, preferimos adotar o termo *indígena*.

Algumas pessoas afirmam que o indígena não tem religião. Esse é um resquício de preconceito que os colonizadores europeus trouxeram: qualquer religião que não fosse a deles não era considerada religião.

A religião indígena, assim como qualquer outra, tem relação com crenças, valores, rituais e cultos. Mas como conhecê-la, uma vez que ela não foi registrada em livros? Só podemos fazer isso por meio das tradições orais.

Fabio Colombini/Acervo do fotógrafo

Povo Barasana. Maloca com todas as famílias da aldeia Rouxinol. Igarapé Tarumã-Açu, Manaus (AM), 2014.

Soldados índios de Curitiba escoltando selvagens, litografia colorida à mão de Jean-Baptiste Debret (1768-1848). Representação da escravidão indígena no período imperial no Brasil.

O problema é que muitas nações indígenas foram exterminadas. Quando os portugueses aqui chegaram, havia mais de mil povos indígenas, somando de 2 a 4 milhões de indivíduos – alguns estudiosos falam em 5 milhões. Atualmente, segundo o Censo do IBGE de 2010, restam em torno de 240 povos, com uma população de 896,9 mil indígenas. Sendo que destes, 63,8 mil habitam as áreas rurais e 36,2 mil habitam as áreas urbanas. Os indígenas estão divididos em 305 etnias que falam 274 idiomas. O que sabemos hoje sobre esses povos nos foi transmitido pelos poucos indígenas que restaram e pelos estudiosos que, no decorrer dos séculos, recolheram seus mitos e suas ideias e observaram suas práticas.

Manifestação pela demarcação de terras na área indígena Raposa Serra do Sol, Brasília (DF), 2018.

Crianças da etnia Kuikuro no Parque Nacional do Xingu (MT), 2014.

BEBENDO NA FONTE INDÍGENA

Aravutará: o destino dos mortos

Arquivo/Estadão Conteúdo/AE

Irmãos Villas Bôas com indígenas no Parque Nacional do Xingu em 1974.

Entre os indigenistas brasileiros que conviveram com os indígenas, observaram sua cultura e lutaram por seus direitos estão os irmãos Villas Bôas. Leonardo, Cláudio e Orlando abandonaram a vida entre os brancos e foram conviver com os indígenas na década de 1950. O mito a seguir foi recolhido por eles durante a vivência com os Kamaiurá:

Aravutará tinha um amigo que era companheiro inseparável dele. Caçavam juntos; pescavam juntos; iam à roça juntos; e juntos trabalhavam e passeavam. Não se separavam um instante. Eram grandes amigos. Os dois sempre conversavam sobre o que deviam fazer quando um deles morresse. E combinaram que aquele que morresse primeiro devia ser procurado pelo outro. Dizia Aravutará:

– Se eu morrer, você vai me procurar até encontrar. O mesmo eu faço com você, se você morrer primeiro.

– Nós – dizia o outro – não podemos ficar separados porque não vamos aguentar a saudade.

Era esta uma conversa diária entre os dois amigos. E sempre diziam que era preciso que aquele que ficasse vivo fizesse arco e flecha para o morto, para este pescar e caçar lá em cima no céu. Um dia o amigo de Aravutará adoeceu gravemente e mandou chamá-lo.

– Companheiro – disse ele – estou muito doente e vou morrer.

Aravutará, triste com o que ouvia, procurou animar o amigo, dizendo que aquela doença não era nada, que ele ia ficar bom. Mas o doente não se convencia e continuava falando:

– Não tem mais jeito, não. Desta vez eu morro mesmo.

Dois dias depois dessa conversa morreu o companheiro de Aravutará. Assim como tinha combinado com o amigo, quando vivo, Aravutará passou a procurar o espírito do morto por todos os lugares que ele frequentava em vida. Aravutará ia diariamente a esses lugares, e lá chamava o companheiro repetidas vezes. Não se cansava de ir de um lado para outro à procura do amigo desaparecido. Num dia em que houve eclipse, Aravutará falou para a mãe que ia encontrar o companheiro: "Meu amigo pediu que eu o procurasse quando um dia o sol apagasse. Por isso eu tenho certeza que vou encontrar com ele agora". Falou e saiu. Foi andando por um caminho e lá num lugar que escolheu sentou e ficou esperando. Veio a noite e Aravutará continuava sentado esperando. De madrugada começou a falar consigo mesmo: "Meu companheiro está demorando. Está custando muito a aparecer". Depois de muito esperar voltou para casa. No outro dia bem cedo foi novamente para o caminho. Quando já estava cansado, começou a reclamar baixinho a demora. Nesse momento passou a ouvir o riso dos mamaé [espíritos], que se vinham aproximando. Pouco depois, os mamaé começaram a passar por ele. Como não gostam do cheiro de gente viva, ao passar perto, reclamavam do cheiro de Aravutará, dizendo:

– Tem gente aí com cheiro ruim, com corpo ainda.

Todos falavam a mesma coisa ao passar por Aravutará. Vinham todos enfeitados com penachos e conduzindo arco e flecha. Aravutará estava procurando o companheiro no meio dos que cruzavam pela frente dele. Como não enxergava o amigo, perguntou a um mamaé que passou perto:

– Como é, meu companheiro vem?

– Vem vindo aí atrás por último – respondeu o mamaé.

E os mamaé continuavam passando, um atrás do outro. Atrás de todos vinha o companheiro de Aravutará. Vinha rindo. Aravutará ouviu. Ao chegar perto, o espírito do amigo falou:

– Então, companheiro, nós não combinamos que quando um morresse o outro ia procurar?

– É por isso que eu estou aqui. Vim procurar você.

Ficaram assim conversando um com o outro. Aí Aravutará perguntou ao amigo:

– Aonde vai esse pessoal?

– Vai para a festa lutar com os pássaros.

– Eu vou com vocês.

[Aravutará acompanhou os espíritos e o amigo e se meteu numa grande aventura.]

VILLAS BÔAS, Orlando; VILLAS BÔAS, Cláudio. *Xingu, os índios, seus mitos.* 5. ed. Rio de Janeiro: Zahar, 1979. p. 111-113.

Pescaria que antecede a cerimônia do Kuarup, na aldeia Kamayurá, no Parque Nacional do Xingu (MT), 2014.

Ricardo Teles/Pulsar Imagens

O que é sagrado para os indígenas

Há muita coisa sagrada para os povos indígenas: a terra em que nascem e enterram seus mortos; os espíritos dos que se foram; as forças da natureza – comandadas por espíritos e deuses; os ritos que praticam em danças e cantos.

Para pedir chuva, para celebrar um casamento, para enterrar um morto, para festejar uma vitória de guerra, os indígenas têm rituais próprios, dos quais homens, mulheres e crianças participam, quase sempre cantando e dançando.

É difícil falar dos rituais, porque são muitos os povos e muitos os nomes de cada ritual. Mas a maioria deles são "ritos de passagem", isto é, marcam um momento importante na vida de cada indivíduo. Assim, praticam-se ritos ou rituais quando se passa a um novo estado social, quando nasce um bebê, quando há um casamento, quando se entra no mundo adulto ou no mundo dos mortos.

Renato Soares/Pulsar Imagens

Etnia Bororo. Ritual de funeral indígena em que os indivíduos carregam roda de buriti sobre a cabeça. General Carneiro (MT), 2014.

Indígenas jovens da etnia Kuikuro, no Parque Nacional do Xingu, durante a dança da Taquara. Foto de 2010.

Quando um adolescente entra no mundo adulto, por exemplo, os meninos têm de passar por várias provas e aguentar firme a dor para mostrar que serão guerreiros valentes. Ficam também um período sem poder sair de casa. No caso das meninas, elas passam algum tempo trancadas e precisam se preparar para serem mulheres. Entre os Kayapó, a menina fica três semanas sem sair, devendo sofrer pequenas incisões com dentes de piranha para purificar o sangue. Entre as tribos do Xingu, a reclusão das meninas dura de seis meses a um ano, em completa escuridão. Depois desse período, a moça pode se casar.

Mulheres indígenas Kayapó participam da dança na festa da Metora. São Félix do Xingu (MT), 2016.

Crianças Yanomami caçando, Roraima, 1991.

Como os indígenas tratam uns aos outros

Renato Soares/Pulsar Imagens

Nas aldeias todos têm alguma função e trabalham para o bem comum. Na foto, crianças ajudando em pescaria com timbó, na lagoa da Ariranha, em Feliz Natal (MT), 2016.

Um dos valores da cultura indígena é o respeito que se tem pelos mais velhos. São eles que detêm o saber e a tradição e transmitem o que é preciso ensinar às novas gerações. Os velhos não são deixados de lado nem abandonados, porque são parte vital da comunidade.

Os indígenas também tratam muito bem as crianças. Eles jamais batem nelas ou gritam com elas; em vez disso, ensinam o que elas precisam aprender. Os meninos aprendem a pescar, caçar e guerrear. As meninas aprendem a plantar, cozinhar e trançar. Na cultura indígena, há divisão de trabalho entre homens e mulheres.

Os pajés

A pessoa mais respeitada da tribo é o pajé, pois é ele que detém o poder de entrar em contato com o mundo invisível. Ele vê os espíritos, cura as doenças, dá conselhos, prevê o futuro e comanda os rituais. Sabe de todas as tradições e conhece todos os segredos. Segundo a tradição indígena, os pajés são pessoas capazes de ver, em sonho, tanto os espíritos como a solução dos problemas. Certa vez, em uma entrevista, o pajé Raoni explicou que quando ele sonhava seu espírito saía do corpo.

Renato Soares/Pulsar Imagens

Pajé da etnia Pataxó segurando babosa. Aldeia Barra Velha, Porto Seguro (BA), 2014.

Os pajés também fazem a chamada "pajelança", um ritual em que eles fumam, cantam e fazem suas rezas para afastar algum espírito mau que esteja atormentando uma pessoa ou para curar uma doença. Na pajelança, usam-se também ervas medicinais, que os indígenas vão buscar na mata para o tratamento dos doentes.

Renato Soares/Pulsar Imagens

Pajés Waurá da aldeia Pyulaga pedindo uma boa pescaria, em Gaúcha do Norte (MT), 2016.

AGORA É COM VOCÊ

Sob a orientação do professor, reúna-se com seus colegas em grupos e façam uma pesquisa sobre os povos indígenas existentes hoje no Brasil. Cada grupo deve escolher um povo e buscar o máximo de informações disponíveis sobre suas crenças e costumes. Um quadro geral desses povos pode ser encontrado no *site* do Instituto Socioambiental. Disponível em: <www.socioambiental.org/pt-br>. Acesso em: 23 mar. 2018. Outras informações podem ser encontradas no *site* da Fundação Nacional do Índio (Funai). Disponível em: <www.funai.gov.br/>. Acesso em: 23 mar. 2018.

O X DA QUESTÃO

1) Apesar de os indígenas fazerem parte da cultura brasileira, eles ainda são muito discriminados e pouco conhecidos. O que você sugere para mudar isso?

2) Destaque os aspectos que você achou mais interessantes na cultura indígena.

SESSÃO DE LEITURA

Histórias de índio

Daniel Munduruku. São Paulo: Companhia das Letrinhas, 2002.

Trata-se de uma excelente fonte para conhecer melhor a cultura indígena e os problemas enfrentados na sociedade brasileira do ponto de vista de um indígena. Além de várias crônicas e informações gerais, o livro traz um conto sobre um menino que vai se tornar pajé.

Leia o livro indicado e reflita:

Como você acha que seria passar alguns dias em uma comunidade indígena? O que gostaria de aprender?

Reprodução/Companhia das Letrinhas

FALANDO DE SOCIEDADE

A terra e os indígenas

Um dos maiores problemas que as comunidades indígenas enfrentam no Brasil é o da posse da terra. Na verdade, eles eram os donos de tudo o que hoje é chamado de território nacional quando os portugueses aqui chegaram, mas agora estão limitados às terras demarcadas pelo Estado.

Depois de muitas lutas por seus direitos e da promulgação da Constituição de 1988, que reconheceu esses direitos, os indígenas têm atualmente quase 110 milhões de hectares demarcados, ou 13% do território nacional, divididos por quase todos os estados brasileiros. O que isso significa? Que os indígenas têm o direito de habitar e usar a terra à vontade, mas ela pertence ao Estado brasileiro.

Entretanto, isso não garante a paz dos indígenas, pois esses territórios são constantemente invadidos. Pessoas que querem explorar a terra, arrancar suas riquezas naturais, caçar animais, derrubar as árvores, extrair ouro e outros minerais valiosos acabam muitas vezes entrando nesses territórios proibidos. E, o que é pior, dessa prática surgem conflitos armados nos quais muitas vezes os indígenas são mortos.

Outra questão que atinge a dignidade dos indígenas é o preconceito e a discriminação que sofrem na sociedade. Muitas pessoas não respeitam sua cultura, não admitem sua contribuição à civilização brasileira. E usam chavões desrespeitosos do tipo "índio é vagabundo". Essa ideia de que os indígenas não gostam de trabalhar vem do tempo da colonização, quando os portugueses queriam escravizá-los.

Indígenas da Comunidade Caatinga Grande, da etnia Truká, construindo oca, em Cabrobó (PE), 2018.

Delfim Martins/Pulsar Imagens

Embora a raiz indígena constitua boa parte de nossa brasilidade, a maioria das pessoas não sente isso e não tem consciência dessa riqueza.

O indígena, por sua vez, pode questionar seriamente os nossos conceitos de civilização, como podemos ler abaixo no depoimento do índio Nailton Muniz Pataxó Hã-Hã-Hãe:

Walmor Carvalho/Fotoarena

Indígenas Guarani Kaiowá protestam por suas terras no vão livre do Museu de Arte de São Paulo (Masp), São Paulo (SP), 2016.

Queremos dizer alguma coisa para a sociedade toda: queremos mostrar que nós não estamos lutando contra eles, mas que somos também parte dessa sociedade, só que com nossas diferenças.

Queremos que os brancos aprendam a respeitar uma outra sociedade diferente. Os índios são civilizados, não com civilização do branco, mas sim uma civilização de cada povo. Hoje nós olhamos, quando chegamos numa cidade, muita gente que se diz civilizada, maltrata seu semelhante, deixa suas crianças por aí pedindo, esmolando, passando dificuldades... Você entra nos órgãos públicos, vê tudo aquilo, vê o luxo, e depois, lá fora, vê gente passando fome, gente igual, só que pobre... Então, o medo que nós temos de perder nossas terras é o de ver realmente o nosso povo na rua, dormindo debaixo de viaduto, caído em marquises, mendigando.

Então, essa não é a nossa civilização. Nós somos de um pensamento diferenciado da civilização deles. Nós não ensinamos nossos filhos a pedir, ensinamos a repartir e a lutar para que não falte a alimentação. Nós não deixamos nosso povo sofrer, como o governo faz e a sociedade dos brancos aceita que aconteça. Como podem ver suas crianças na rua? Como podem ver famílias sem ter o que comer, revirando lixo? Nós não deixamos. Nós temos alegria em repartir. Se uma família tem pra comer e chegam outros que não têm, ela faz alimento suficiente para todos. Nós não temos coragem de deixar um parente sair com fome, se temos comida guardada. A gente come junto, depois se apega com Deus e vai. Por isso, também, se temos a nossa terra demarcada e na nossa mão, temos condições de adquirir nosso alimento e de repartir entre nós.

Pedro Ladeira/Folhapress

Membros do Conselho Nacional da Justiça e representante dos indígenas Guarani Kaiowá em reunião sobre os conflitos de demarcação de terra, Brasília (DF), 2013.

Nosso povo é organizado, sempre foi. Tem povos nesse Brasil que abrangem até 30 mil pessoas, e essas pessoas todas respeitam umas poucas lideranças, sem precisar de soldados e de cadeias. Nós não temos cadeia nas nossas aldeias, temos conselhos pra dar ao nosso povo e eles acatam. Nós procuramos educar nossos filhos pra crescer já naquele jeito. Nossos velhos têm seu lugar, não estão por aí passando dificuldade. A nossa organização interna controla todo o povo com respeito. E todos os povos vivem sem passar fome. [...]

Por isso, que a gente não combina com essa sociedade branca. O sistema deles é totalmente diferente do nosso dia a dia, do nosso jeito de ser dentro das áreas indígenas. A sociedade branca tem que entender e respeitar esse nosso jeito.

LÓPEZ, Fernando; DINELLY, Arizete Miranda. *Por uma Terra sem males:* sem os males da globalização neoliberal! Disponível em: <http://docplayer.com.br/32438076-Por-uma-terra-sem-males-sem-os-males-da-globalizacao-neoliberal.html>. Acesso em: 23 mar. 2018.

AGORA É COM VOCÊ

Idealize o lançamento de uma campanha nacional em favor do indígena. Crie um *slogan* que possa aparecer em propagandas e cartazes, defendendo e exaltando a cultura indígena.

***Slogan*:** palavra ou frase usada com frequência; em geral, associada à propaganda.

FALANDO DE ARTE SACRA

Arte indígena

A arte indígena é tão vasta e rica quanto qualquer outra que conhecemos. Eles desenvolveram sua própria arquitetura (instalações e habitações), pinturas corporais, enfeites de plumas (máscaras, mantos, cocares, etc), trançados, cerâmicas e muito mais.

Além disso, em todas as manifestações religiosas há sempre um tipo de arte, chamada "arte sacra", a arte do sagrado, que expressa a fé e faz a ligação com a divindade. Entre os indígenas, o canto é usado como reza, como contato com os espíritos, como forma de ritual.

Procure ouvir os seguintes CDs:

Etenhiritipá, Cantos da tradição Xavante (Associação Xavante de Pimentel Barbosa e Núcleo de Cultura Indígena/SP), set. 1994.

Kewere: Rezar, de Marlui Miranda, Pau Brasil Som Imagem, 1997. Nesse CD, Marlui Miranda, cantora e instrumentista cearense, pesquisadora das tradições indígenas, em especial a música, usando elementos da música indígena compôs em tupi-guarani uma missa com textos de José de Anchieta. Nesse caso, trata-se de uma composição que combina a religião católica com a arte indígena.

Há também objetos religiosos que fazem parte dos rituais indígenas. Veja alguns exemplos.

Museu Paraense Emílio Goeldi, Belém do Pará/Arquivo da editora

Cetro cerimonial Apurinã.

Museu de Arqueologia e Etnologia-USP-SP/ Arquivo da editora

Adereço cerimonial Kayabi.

Coleção Museu do Índio, Rio de Janeiro/Arquivo da editora

Escultura cerimonial Asurini.

DE OLHO NO MUNDO

Um prêmio Nobel entre os indígenas

Os indígenas de toda a América têm problemas semelhantes aos enfrentados pelos indígenas brasileiros. Massacres, discriminação, desrespeito à sua cultura e à sua religião: a história dos indígenas das Américas do Sul, do Norte e Central é muito parecida. As diferenças estão na diversidade de povos e culturas, de línguas e costumes que havia e há em todo o continente. Por isso é impossível falar de indígenas americanos de forma generalizada.

Entre os povos mais fascinantes da América espanhola estavam os maias, que constituíam uma civilização antiga muito adiantada, da qual ainda hoje há descendentes. Vamos conhecer aqui uma representante dessa cultura que se projetou para o mundo: Rigoberta Menchú Tum, prêmio Nobel da Paz de 1992.

Stephen Lam/Reuters/Fotoarena

Rigoberta Menchú, ganhadora do prêmio Nobel da Paz.

Na Guatemala, pequeno país da América Central, houve uma guerra civil que durou 36 anos. Essa guerra ocorreu por causa de uma sangrenta ditadura que revoltou a população.

Entre os indígenas, que foram contrários ao sistema ditatorial, estava Vicente Menchú, pai de Rigoberta. Com outros 39 companheiros, Vicente foi queimado vivo na Cidade da Guatemala, quando ocupavam, em protesto, a embaixada da Espanha.

A mãe e os irmãos de Rigoberta também foram torturados e mortos, e ela teve de se exilar no México. Desde 1980, Rigoberta trabalha pela cultura indígena, pela paz e pelos direitos das mulheres indígenas.

Foi justamente em 1992, quando se comemoraram os quinhentos anos da chegada de Cristóvão Colombo à América – fato que marca também o início de todos os problemas indígenas –, que Rigoberta ganhou o prêmio Nobel da Paz. Ela tinha apenas 33 anos.

Johan Ordonez/Agência France-Presse

Indígenas da Guatemala em ritual maia celebrando os mortos da guerra civil no país, em 2017.

E PARA TERMINAR

No ano de 1975, representantes dos povos indígenas do mundo inteiro estiveram unidos em Port Alberni, no Canadá, para uma reunião do Conselho Mundial dos Povos Indígenas e fizeram a seguinte declaração:

Declaração Solene dos Povos Indígenas do Mundo

Nós, povos indígenas do mundo, unidos
numa grande assembleia de homens sábios,
declaramos a todas as nações:
Quando a terra-mãe era nosso alimento,
quando a noite escura formava nosso teto,
quando o céu e a lua eram nossos pais,
quando éramos irmãos e irmãs,
quando nossos caciques e anciãos
eram grandes líderes,
quando a justiça dirigia a lei e a sua execução,
Aí, outras civilizações chegaram!
Com fome de sangue, de ouro,
de terra e de todas as suas riquezas,
trazendo em uma mão a cruz
e na outra a espada.
Sem conhecer ou querer aprender
os costumes de nossos povos,
nos classificaram abaixo dos animais.
Roubaram nossas terras e nos levaram
para longe delas, transformando em escravos
"os filhos do sol".
Entretanto, não puderam nos eliminar,
nem nos fazer esquecer o que somos,
porque somos a cultura da terra e do céu,
Somos de uma Ascendência milenar
E somos milhões,
E mesmo que nosso universo inteiro seja destruído
NÓS VIVEREMOS
Por mais tempo que o Império da morte!

HAMADA E ZENUN, Katsue; IDISSI, Valeria M. A.; IOKOI, Hilda M. G. (Coord.). *Ser índio hoje:* a tensão territorial. 2. ed. São Paulo: Edições Loyola, 1999. p. 47-48.

Como brasileiro, o que você identifica de indígena em si mesmo?

Menina navajo no Monument Valley, no estado de Utah, nos Estados Unidos. Foto da década de 1980.

Camerique/ClassicStock/Getty Images

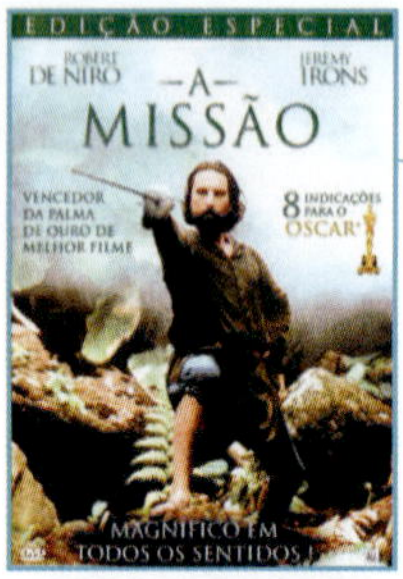

Reprodução/Roland Joffé/Warner Bros. Pictures

Reprodução/Cao Hamburger/Sony Pictures Brasil/RioFilme

SESSÃO DE CINEMA

A missão

Direção de Roland Joffé. Flashstar, 1986.

O filme narra a história real do conflito ocorrido na fronteira de Brasil, Argentina e Paraguai, no século XVI, entre colonizadores espanhóis e padres jesuítas aliados a indígenas guaranis. O título refere-se às "missões", instalações construídas pelos jesuítas para a pregação da religião católica.

Xingu

Direção de Cao Hamburger. Globo Filmes, 2011.

O filme narra uma história real no século XX, de três irmãos que vão em terras indígenas em busca de aventuras e se transformam em seus maiores defensores.

Procure assistir aos filmes indicados pensando nestas questões:

1) Nessas histórias, a religião e a cultura dos indígenas são respeitadas e preservadas?

2) Qual é o nosso papel na preservação da cultura indígena?

[...]
Dai-nos luz, fé a vida nas pajelanças,
Evitai, ó Tupã, a violência e a matança.
Num lugar sagrado junto ao igarapé.
Nas noites de luas cheia, ó Marçal, chamai
Os espíritos das rochas pra dançarmos o Toré.
[...]
Alumiai pro futuro nossa estrela
Ajudai a tocar as flautas mágicas
Pra vos cantar uma cantiga de oferenda
Ou dançar num ritual Iamaká.
Rogai por nós, Ave-Xamã
No Nordeste, no Sul toda a manhã
No Amazonas, agreste ou no coração da cunhã.
Rogai por nós, araras, pintados ou tatus
Vinde em nosso encontro
Meu Deus – Nhendiru!
Fazei feliz nossa mintã
Que de barrigas índias vão renascer.
Dai-nos cada dia de esperança Porque só pedimos terra e paz
Pra nossas pobres – Essas ricas crianças.

Eliane Potiguara.

Oração pela libertação dos povos indígenas. Disponível em: <http://elianepotiguara.blogspot.com.br/p/poesias.html>. Acesso em: 23 mar. 2018.

Rubens Chaves/Pulsar Imagens

Suvenir em loja de Salvador (BA), 2013.

3 A força negra

A presença africana no mundo

O candomblé pertence a diversas nações, principalmente as africanas, mas, com a escravidão, criou raízes também no Brasil e em Cuba. No Brasil, representa a cultura africana em nosso solo. Tem uma importância muito grande por ter influenciado a nossa cultura.

Apesar de o candomblé ser uma religião trazida pelos negros escravizados da África, ela não é praticada apenas por negros, como alguns pensam. Pessoas de qualquer etnia podem participar de seus rituais.

Etnia: grupo com as mesmas características biológicas e culturais; povo, raça.

Godong/UIG/Getty Images

Devoto do orixá Oxóssi no festival Iemanjá no Rio Vermelho, Salvador (BA). Foto de 2013.

Há diferentes tradições de candomblé, dependendo da região e do local. Pode-se reconhecer essas diferenças pelos rituais: pela maneira como se toca o tambor, pela música, pelo idioma dos cânticos, pelas vestes ritualísticas e mesmo pelo nome das divindades. As tradições nagô e iorubá são as mais comuns no Brasil.

Nagô, tradição: conjunto de crenças e valores dos nagôs, povo de língua iorubana que vive a sudoeste da República do Benin, na África.

Iorubá, tradição: conjunto de crenças e valores dos iorubás (ou iorubas), povo negro sudanês da África ocidental.

Jan Sochor/Latincontent/Getty Images

Oferendas a Iemanjá em praia de Amoreiras (BA), 2012.

A vida, a sociedade e a civilização africana têm influência dos mitos do candomblé. Assim como na Grécia antiga ou em Roma, entre os africanos, a mitologia era determinante. Os mitos buscam explicar como as coisas foram criadas e têm um sistema de valores que mostram qual é a melhor maneira de viver.

Segundo a mitologia do candomblé, Iroko foi a primeira árvore plantada na Terra e é um dos orixás mais antigos. Iroko representa o Tempo.

As fontes

Como os povos africanos não conheciam a escrita, passavam seus mitos, crenças e conhecimentos oralmente, através das gerações. Aos poucos o candomblé vem sendo narrado nos textos escritos.

Foi no século XIX que os pesquisadores começaram a escrever sobre a visão religiosa africana. Atualmente há muitos livros sobre sua mitologia, cultura e religião, mas não é possível encontrar os ensinamentos religiosos do candomblé num único livro.

Escultura denominada Nação Iorubá no parque Burle Marx, em São José dos Campos (SP). Foto de 2014.

A religião dos orixás

AMA/Corbis/Getty Images

Os orixás Oxum, Xangô, Oxóssi e Oxalá no dique do Tororó, em Salvador (BA). Foto de 2013.

Na religião africana, os orixás são deuses que comandam a vida e a natureza. O ser supremo é Olorum, o deus de todas as coisas. Segundo a tradição, Olorum incumbiu os orixás de criar e governar o mundo, deixando a cargo de cada um deles a responsabilidade de cuidar da natureza e dos seres humanos. Não havia separação entre o céu (Orum) e a Terra (Aiê). Mas o homem sujou o céu e Olorum mandou separá-los. No trecho a seguir, veremos como Olorum distribuiu alguns encargos aos orixás e como teve início o candomblé.

Oxum, que antes gostava de vir à Terra brincar com as mulheres,
dividindo com elas sua formosura e vaidade,
ensinando-lhes feitiços de adorável sedução e irresistível encanto, recebeu de Olorum um novo encargo:
preparar os mortais para receberem em seus corpos os orixás.
Oxum fez oferendas a Exu para propiciar sua delicada missão.
De seu sucesso dependia a alegria dos seus irmãos e amigos orixás.
Veio ao Aiê e juntou as mulheres à sua volta,
banhou seus corpos com ervas preciosas,
cortou seus cabelos, raspou suas cabeças,
pintou seus corpos.
Pintou suas cabeças com pintinhas brancas,
como as penas da galinha-d'angola.
Vestiu-as com belíssimos panos e fartos laços,
enfeitou-as com joias e coroas.
O ori, a cabeça, ele adornou ainda com a pena ecodidé,
pluma vermelha, rara e misteriosa do papagaio-da-costa.
Nas mãos as fez levar abebés, espadas, cetros,
e nos pulsos, dúzias de dourados indés.

Ori: manteiga vegetal.
Abebés: leques.
Indés: pulseiras.
Obi: fruto africano.
Oxo: cone descrito no texto.
Feitas: iniciadas, prontas.
Odara: belo, bom, excelente.
Iaôs: filhas de santo; sacerdotisas do candomblé.
Cavalos: auxiliares na incorporação dos orixás nos rituais de candomblé; filhos de santo.
Batás: pequenos tambores.
Agogôs: instrumentos ritmadores.
Xequerês: instrumentos musicais revestidos de contas.
Adjás: sinetas.
Xirê: sequência de invocação dos orixás.
Roda das feitas: roda das filhas de santo.

O colo cobriu com voltas e voltas de coloridas contas
e múltiplas fieiras de búzios, cerâmicas e corais.
Na cabeça pôs um cone feito de manteiga de ori,
finas ervas e obi *mascado,*
com todo condimento de que gostam os orixás.
Esse oxo *atrairia o orixá ao* ori *da iniciada e*
o orixá não tinha como se enganar em seu retorno ao Aiê.
Finalmente as pequenas esposas estavam feitas,
estavam prontas, e estavam odara.
As iaôs *eram as noivas mais bonitas*
que a vaidade de Oxum conseguia imaginar.
Estavam prontas para os deuses.

Os orixás agora tinham seus cavalos,
podiam retornar com segurança ao Aiê,
podiam cavalgar o corpo das devotas.
Os humanos faziam oferendas aos orixás,
convidando-os à Terra, aos corpos das iaôs.
Então os orixás vinham e tomavam seus cavalos.
E, enquanto os homens tocavam seus tambores,
vibrando os batás e agogôs, soando os xequerês e adjás,
enquanto os homens cantavam e davam vivas e aplaudiam,
convidando todos os humanos iniciados para a roda do xirê,
os orixás dançavam e dançavam e dançavam.
Os orixás podiam de novo conviver com os mortais.
Os orixás estavam felizes.
Na roda das feitas, no corpo das iaôs,
eles dançavam e dançavam e dançavam.
Estava inventado o candomblé.

PRANDI, Reginaldo. *Mitologia dos orixás.* São Paulo: Companhia das Letras, 2001. p. 527-528.

Julian Kumar/Getty Images

Oxum, de Carybé, no Museu Afrobrasileiro de Salvador (BA).

Sergio Pedreira/Pulsar Imagens

Mãe de santo em ritual no terreiro de candomblé da nação Ketu, em Lauro de Freitas (BA), em 2014.

O que fazem os orixás

Os orixás têm papel importante no funcionamento das coisas no mundo. Há orixás que são responsáveis pela justiça, como Xangô. Conta-se que durante um longo tempo ele foi rei de uma das cidades mais importantes da África, chamada Oió. Na África, seu culto é muito difundido e no Brasil ele é o patrono da religião dos orixás.

A tecnologia, os metais e a guerra estão sob o controle do orixá Ogum. Antigamente, Ogum era o orixá da pesca, da caça e da agricultura.

Exu é o orixá mensageiro. Está presente em todos os cultos, pois é o encarregado de fazer a comunicação entre os outros orixás e os seres humanos. Lembra a função de Hermes, entre os gregos antigos. Outras religiões, por ignorância ou preconceito, confundem-no com o diabo. Exu não é o símbolo do mal. Apenas é astuto e manhoso.

Olorum encarregou os orixás femininos dos cuidados da natureza e da vida. Nanã é a protetora do saber e dona da lama que há no fundo dos lagos, com a qual foram modelados os seres humanos. Onilé, ainda muito louvada nos cantos e nos ritos, é a Mãe-Terra e cuida do planeta em que vivemos. Euá guarda o solo onde repousam os mortos. Oiá dirige as tempestades, os poderosos ventos da natureza, a beleza feminina e encaminha os espíritos dos mortos para o outro mundo. Obá coordena a corrente dos rios e a vida cotidiana e doméstica das mulheres. O amor e a fertilidade são governados por Oxum. No Brasil, um dos orixás mais conhecidos é feminino: Iemanjá, a mãe dos deuses, dos homens e dos peixes, a senhora dos oceanos.

Oxalá, óleo sobre tela do pintor argentino Carybé representando alguns orixás do candomblé, como Xangô (ao centro).

Mario Tama/Getty Images

Ritual de candomblé em homenagem a Iemanjá e Oxum, em Itaboraí (RJ), 2015.

O destino dos seres humanos está nas mãos de Ifá. Oxalá ajudou na criação do mundo, da humanidade e da sociedade. É o senhor absoluto do princípio da vida, da respiração e do ar. É criador do ser humano e recebe o título de grande orixá.

O candomblé ensina que os homens e as mulheres descendem dos orixás. Cada ser humano herda de seu orixá marcas, características, desejos e tendências. Os orixás lutam uns contra os outros, defendem seus territórios e governos. Ampliam seus domínios por meio da artimanha e da força. Sua vida se assemelha à dos seres humanos. Sentem raiva e compaixão, guerreiam, sofrem, disputam, amam, protegem os seres humanos, ficam apaixonados, alegres e tristes. Assemelham-se aos deuses gregos, com suas histórias e aventuras.

O X DA QUESTÃO

1) Apesar de os cultos afro-brasileiros terem formado a cultura brasileira, eles sofrem muita discriminação. Na sua opinião, o que poderia ser feito para resolver o problema?

2) Para conhecer melhor a mitologia dessas religiões tão ricas, escolha um orixá e faça uma pesquisa sobre sua história e imagem.

SESSÃO DE LEITURA

Os príncipes do destino

Reginaldo Prandi. São Paulo: Cosac & Naify, 2001.

O livro contém várias histórias de príncipes num tempo antigo da África, recontadas para crianças e jovens. Os belos mitos desse livro contam a história do povo africano, dos seus costumes, de sua religião e da sua relação com o Brasil.

Procure ler o livro e responda:

De qual história você mais gostou e por quê?

Reprodução/Cosac & Naify

FALANDO DE CULTURA

Uma forma de resistência

Os africanos foram escravizados e trazidos da África para as Américas, e trouxeram suas tradições como herança de sua terra natal. Os seus cultos se multiplicam desde São Luís do Maranhão, passando pela Bahia e chegando ao Rio Grande do Sul. Dizem que há um pedaço da África no Brasil, ilhas africanas em nosso solo. Os orixás, atraídos pelo toque dos tambores e pelas oferendas, saíram da África, atravessaram o oceano e chegaram ao Brasil para dançar, comer e festejar com seus filhos. O candomblé representa a resistência dos africanos ao exílio e à escravidão no Brasil.

Rubens Chaves/Pulsar Imagens

Casa de Iemanjá no bairro de Rio Vermelho, Salvador (BA). Foto de 2013.

Os santuários no Brasil não são templos de uma única divindade, como na África, mas de todas elas. São lugares onde o candomblé é representado por todos os seus orixás. Os templos, conhecidos como terreiros, podem estar voltados ao culto desse ou daquele orixá, mas possuem aposentos para todos eles, que no decorrer dos rituais são chamados a participar e dançar.

No Brasil o candomblé foi uma forma religiosa de seus adeptos manterem a identidade cultural e prestarem auxílio mútuo uns aos outros.

Por meio de sua religião, os africanos, que eram perseguidos e marginalizados, encontravam forças para continuar a viver e sentir a África mais perto. O candomblé no Brasil foi um conjunto de trocas solidárias e cooperações entre a mãe África e os seus filhos sofridos.

Carlos Julião/Fundação Biblioteca Nacional

Coroação de um rei negro nos festejos de Reis, aquarela de Carlos Julião (1740-1811).

Christopher Pillitz/Getty Images

Cerimônia de candomblé durante o *Réveillon*, no Rio de Janeiro, em 2016.

AGORA É COM VOCÊ

Imagine que você faz parte de uma Organização Não Governamental (ONG) em prol da cultura africana e que pretende lançar uma campanha com o objetivo de disseminar o respeito pela cultura africana no Brasil. Quais seriam os princípios e ações de destaque dessa campanha?

Umbanda: uma religião brasileira

A umbanda é uma religião brasileira e é considerada uma religião sincrética por incorporar em sua estrutura elementos e símbolos de várias religiões: um pouco das ideias espíritas e um pouco do culto aos deuses africanos, além de aspectos das culturas indígena e católica. Há, por exemplo, uma assimilação entre os orixás e os santos católicos. A magia ritual e a orientação moral se encontram para formar uma religião brasileira. Sua proposta é uma síntese das culturas africana, indígena e europeia.

No início do século XX, no Rio de Janeiro, já havia uma mistura de práticas de candomblé com catolicismo e elementos espíritas. Entretanto, segundo os historiadores, a umbanda teve um início preciso, em 1908, na cidade de Niterói. O médium Zélio Fernandino de Morais, jovem de 17 anos de uma família de bom nível social, ficou doente e nenhum médico conseguia descobrir o que ele tinha. Um dia, amanheceu curado e ninguém soube explicar como. Foi então levado à Federação Espírita do Estado do Rio de Janeiro e, quando Zélio estava lá, comunicaram-se vários espíritos, que se diziam pretos velhos, caboclos e indígenas. Ele próprio recebeu o chamado Caboclo das Sete Encruzilhadas. Mas os dirigentes da Federação não aceitaram essas comunicações, dizendo que se tratava de espíritos atrasados. Então, por intermédio de Zélio, o caboclo marcou uma sessão para o dia seguinte, na casa da família do rapaz. Durante a reunião, o Caboclo das Sete Encruzilhadas anunciou a fundação de um novo culto: a umbanda (até então esse nome não existia). As regras eram: fazer o bem, não receber dinheiro para exercer a mediunidade, não fazer sacrifícios de animais, usar roupas brancas, cantar, mas sem os atabaques do candomblé. Os espíritos que iriam trabalhar eram pretos velhos, caboclos e indígenas que fizeram parte da história da formação étnica brasileira.

A umbanda, assim como o espiritismo kardecista, acredita na comunicação com os espíritos, por meio de médiuns. Mas, diferentemente dos kardecistas, adotam roupas especiais, objetos de culto e cânticos afro-brasileiros.

Zélio Fernandino de Morais em reunião na Tenda Espírita Nossa Senhora da Piedade, Rio de Janeiro (RJ), sem data.

Médium: para o espiritismo, intermediário entre as pessoas e os espíritos.

Por algum tempo essas manifestações sofreram perseguição da polícia ou foram tachadas como distúrbio mental pela ciência. Nas reuniões, as pessoas são atendidas por guias, pretos velhos, caboclos, baianos, boiadeiros, ciganos, zé pilintras, cangaceiros, pombagiras, exus e outras entidades espirituais, que ministram orientações e ensinamentos para a vida. Os adeptos precisam de tempo para aprender seus mistérios e seus rituais. Aqueles que se iniciam na religião devem passar por um aprimoramento mediúnico para servirem de cavalos (como os umbandistas chamam os intermediários entre esse mundo e o mundo dos espíritos). Dessa forma, os guias podem dar a consulta.

A umbanda está carregada de valores e qualidades, representados nas suas personagens. O preto velho representa a bondade, a autoridade familiar, a calma, o trabalho, o rural, a humildade e é o símbolo do cristianismo; o caboclo representa a juventude, a força, a justiça, a chefia, a liberdade e é o símbolo do paganismo.

Muitas vezes as entidades da umbanda estão presentes nos cultos do candomblé. Alguns terreiros de candomblé fazem uma mistura das duas – a "umbandomblé", terreiros de candomblé com entidades e ritos da umbanda.

Apesar da Umbanda variar de acordo com cada região do Brasil e de cada casa/terreiro, ao menos uma canção é muito popular: o Hino da Umbanda.

Composta por José Manoel Alves (letra) e Dalmo da Trindade Reis (música) foi oficializada como hino em 1961.

Refletiu a Luz Divina
Com todo seu esplendor
É do reino de Oxalá
Onde há paz e amor
Luz que refletiu na terra
Luz que refletiu no mar
Luz que veio de Aruanda
Para tudo iluminar

A Umbanda é paz e amor
É um mundo cheio de Luz
É a força que nos dá vida
É a grandeza que nos conduz
Avantes, filhos de fé
Como a nossa lei não há
Levando ao mundo inteiro
A bandeira de Oxalá
Levando ao mundo inteiro
A bandeira de Oxalá

Umbanda. Disponível em: <www.todamateria.com.br/umbanda/>. Acesso em: 27 mar. 2018.

Luiz Souza/NurPhoto/Agência France-Presse

Artigos religiosos em loja no Mercadão de Madureira, Rio de Janeiro (RJ). Foto de 2016.

O X DA QUESTÃO

Muita gente critica o sincretismo, enquanto outros o acham enriquecedor. Alguns adeptos do candomblé, por exemplo, não aceitam que as diferentes correntes usem elementos do kardecismo ou do catolicismo. Para eles, que lutam pela preservação do candomblé como resistência da cultura africana, incorporar elementos da cultura europeia é uma espécie de traição.

O oposto também acontece. Quando alguém chama a umbanda de "baixo espiritismo", os kardecistas se sentem ofendidos. Dizem que o espiritismo é uma doutrina nascida na França e que não tem nenhum parentesco com rituais afro-brasileiros, embora reconheçam que a mediunidade, ou a capacidade de se comunicar com o mundo invisível, pode estar presente em qualquer cultura.

No entanto, há os que defendem a ideia de que a mistura de elementos de várias religiões faz parte da miscigenação cultural e étnica. Para eles, isso é próprio do Brasil e um fator positivo de tolerância e popularização das crenças.

Sob a orientação do professor, debata o assunto com seus colegas e, depois, responda:

Para você, deve-se preservar a pureza das diferentes tradições ou o sincretismo é positivo? Cada qual deve se manter fiel à própria fé, vivendo-a com autenticidade, ou é válido aceitar elementos de outras religiões?

FALANDO DE SOCIEDADE

Brasil tem uma denúncia de intolerância religiosa a cada 15 horas

Templos são invadidos e profanados. Em outros casos, há agressões verbais, destruição de imagens sacras e até ataques incendiários ou tentativas de homicídio. O cenário preocupa adeptos de diversas ***religiões*** *e, em pelo menos oito Estados, o Ministério Público investiga ocorrências recentes de* ***intolerância****. [...] Só neste ano [2017] foram registrados 169 casos: 35 em São Paulo, 33 no Rio e 14 em Minas, Estados com maior número de ocorrências informadas. Comparado ao mesmo período de 2016, haveria recuo de 55%, mas Lima explica que a oscilação de denúncias não reflete a realidade.*

"Quando você vir um número maior em um ano, é certo que houve divulgação do problema, por meio de campanhas." Um exemplo, diz, é que em 2016, ano da campanha nacional Filhos do Brasil, houve registro recorde de 759 casos.

Aumento

Em agosto, a Paróquia Nossa Senhora do Bom Parto, em Santo André, no ABC paulista, foi invadida. Os suspeitos arrombaram o sacrário, furtaram a âmbula e atiraram hóstias no chão. "Para nós, a eucaristia é o mais sagrado: o corpo de Cristo. Houve profanação", diz o padre Renato Fernandez. Para ele, a sensação é de aumento das ocorrências. "No passado, havia um respeito pelos templos e pela Igreja", afirma. "Deixar a eucaristia jogada diz que, para eles, não significa nada."

A análise de 2017 aponta que a maioria das vítimas de intolerância é de religiões de **origem africana***, com 39% das denúncias. Lideram o* ranking **umbanda** *(26 casos),* **candomblé** *(22) e as chamadas* **matrizes africanas** *(18). Depois, vêm a* **católica** *(17) e a* **evangélica** *(14).*

Recentemente, um templo de candomblé foi incendiado em Jundiaí, na Grande São Paulo. O ataque destruiu 80% da casa, [...] mas não impediu a mãe de santo Rosana dos Santos, a Iya Abayomi Rosana, de continuar o ofício religioso. "Agora, coloco uma mesa embaixo de uma árvore, ao lado dos escombros, e atendo lá", afirma. "A fé cabe em qualquer lugar, pois Deus e os orixás estão em toda parte."

O templo funcionava havia dez anos e nunca havia registrado ameaça. "Não foi nada pessoal, foi contra nossa religião, de matriz africana", diz ela, que trabalha para reconstruir o lugar. "Era solo sagrado, existiu muito amor lá."

Líder do Brasil Contra a Intolerância Religiosa, Diego Montone critica a ausência de legislação específica. "Temos de nos basear criminalmente e até civilmente em outros crimes."

Cláudio Bertolli Filho, antropólogo [...], diz que a intolerância é resultado da "dificuldade de conviver com a diversidade". [...]

BRASIL tem uma denúncia de intolerância religiosa a cada 15 horas. *Veja*, 13 nov. 2017. Disponível em: <https://veja.abril.com.br/brasil/brasil-tem-uma-denuncia-de-intolerancia-religiosa-a-cada-15-horas/>. Acesso em: 27 jun. 2018.

Galpão do terreiro de candomblé Axé Oyá Bagan, destruído por incêndio, provavelmente criminoso. Brasília (DF), 2015.

Toninho Tavares/Agência Brasília

As religiões de matriz africana na Europa

As religiões de matriz afro já romperam diversas barreiras e chegaram, inclusive, ao "velho mundo". Na reportagem a seguir, é possível sabermos como essas religiões têm sido vistas e difundidas pelo território europeu.

Mãe de santo austríaca populariza umbanda e candomblé na Suíça

A austríaca Astrid Habiba Kreszmeier, conhecida como Iya Habiba, é mãe de santo na Suíça desde 2006. Com olhos azuis, ela é pioneira e se destaca na religião de raízes africanas por ser branca, europeia e por difundir na Europa de língua alemã uma prática levada para o Brasil pelos escravos.

Iya Habiba é mentora espiritual do Terra Sagrada, nome do terreiro cuidado por ela. Com formação em psicoterapia, a mãe de santo acredita que o candomblé e a umbanda podem funcionar como aliados no tratamento de várias mazelas: a conexão com a natureza e o foco no corpo como instrumentos de meditação ajudam a quebrar as amarras da atual inflexível sociedade.

Os terreiros do Terra Sagrada estão presentes em Graz, Viena, Berlim, Berna, Zurique e St. Gallen. Iya Habiba coordena os seis espaços, onde lidera giras, orienta rituais, forma outros líderes e participa de curas espirituais, além de outras atividades ligadas ao candomblé e à umbanda. Os números de participantes surpreendem: o Terra Sagrada conta com 77 médiuns e um público de 800 praticantes; na Suíça são 37 médiuns e um público de 500 pessoas. O terreiro une a prática da tradição do mundo dos Orixás, do Candomblé, da Umbanda, da Santeria e a tradição de curas naturais provenientes das culturas Iorubá e Banto, além da psicoterapia, sociologia das religiões e filosofia.

swissinfo.ch: Por ser austríaca, criada na Europa, como você se tornou Mãe de santo de Candomblé?

Iya Habiba: Eu nunca procurei essa religião, porque nem sabia que existia. [...] Eu sempre foquei meu trabalho em caminhos alternativos, em perspectivas filosóficas não racionalistas. Dessa

Hans-Peter Hufenus/
Cedida gentilmente por Iyá Habiba

Iya Habiba no terreiro Terra Sagrada, em 2014.

maneira, fui parar em um congresso de Tradições Indígenas, em 1992, no Marrocos. Lá eu tive um encontro mágico e inspirador com um Pai de Santo brasileiro, o Pai Buby, que proferiu uma palestra sobre a religião. [...] Esse Pai de santo já supervisionava um grupo em Genebra, o primeiro terreiro do país. Fui então convidada para me iniciar na religião. Comecei a me inteirar e a estudar. Ele veio a ser, então, o meu mestre.

Minha iniciação demorou 12 anos. Durante esse período, eu fui ao Brasil várias vezes, cheguei a fazer até três viagens por ano. As idas [...] incluíam receber ensinamentos sobre os rituais, costumes e o fortalecimento da tradição espiritual. Aprendi como se dá a incorporação de entidades espirituais, como acender uma vela, por exemplo.

swissinfo.ch: Por que trouxe a religião para a Suíça?

I.H.: Porque os Orixás quiseram assim. Quando comecei, eu vivia ainda na Áustria. Por motivos pessoais, me casei com um suíço, me mudei para o país. Aqui tivemos a oportunidade de adquirir uma casa perfeita para as práticas religiosas [...], onde, em 2006, fundamos o primeiro terreiro no país. O terreno é isolado, conta com um rio com nascente, um amplo espaço verde, onde podemos trabalhar bem à vontade. A natureza propicia ainda uma melhor conexão com o divino. Ali montamos altares sagrados para fazermos os rituais.

É um ambiente perfeito para as danças ritmadas e a incorporação de forças espirituais e transe de cura, possibilitando a prática do tempo não linear de um terreiro e a libertação das amarras do relógio suíço. Em outros terreiros dentro de cidades, temos que respeitar a lei do silêncio e parar os batuques às 22 horas. As giras [...] chegam a reunir 40 pessoas tocando tambor. [...]

BAECKERT, Liliana T. Mãe de santo austríaca populariza umbanda e candomblé na Suíça. *SWI*, 27 jul. 2017. Disponível em: <www.swissinfo.ch/por>. Acesso em: 17 maio 2018.

FALANDO DE ARTE SACRA

Mestre Didi

Os artistas podem executar obras de arte para o culto do candomblé. É o caso de Mestre Didi. Leia a seguir a sua biografia e conheça algumas de suas produções.

Deoscóredes Maximiliano dos Santos (Salvador BA 1917 – Idem, 2013). Escultor e escritor. Executa objetos rituais desde a infância; aprende a manipular materiais, formas e objetos com os mais antigos do culto orixá Obaluaiyê. Entre 1946 e 1989, publica livros sobre a cultura afro-brasileira, alguns com ilustrações de Caribé. Em 1966, viaja para a África Ocidental e realiza pesquisas comparativas entre Brasil e África, contratado pela Unesco. Nas décadas de 60 a 90, participa como membro de institutos de estudos africanos e afro-brasileiros e como conselheiro em congressos com a mesma temática, no Brasil e no exterior. Em 1980, funda e preside a Sociedade Cultural e Religiosa Ilê Asipá do culto aos ancestrais Egun, em Salvador. É coordenador do Conselho Religioso do Instituto Nacional da Tradição e Cultura Afro-Brasileira, que representa no país a Conferência Internacional da Tradição dos Orixás e Cultura.

MESTRE Didi. In: ENCICLOPÉDIA Itaú Cultural de Arte e Cultura Brasileiras. São Paulo: Itaú Cultural, 2018. Disponível em: <http://enciclopedia.itaucultural.org.br/pessoa21953/mestre-didi>. Acesso em: 27 mar. 2018. Verbete da Enciclopédia.

Mestre Didi/Coleção do artista

Objetos de Mestre Didi.

AGORA É COM VOCÊ

Sob a orientação do professor, forme grupos com seus colegas e façam uma pesquisa sobre a cultura africana e afro-brasileira abrangendo culinária, música, poesia, artes plásticas, etc. Depois, organizem uma exposição na escola.

E PARA TERMINAR

1) Visite um *site* que debata a questão afro-brasileira e destaque algumas informações importantes. Sugestão: <www.geledes.org.br/> (GELEDES – Instituto da Mulher Negra).

2) Pesquise sobre autores africanos contemporâneos e elabore uma pequena biografia sobre um deles. Algumas sugestões são Mia Couto, Paulina Chiziane, Chimamanda Ngozi Adichie, Wole Soyinka entre outros.

SESSÃO DE MÚSICA

A Deusa dos Orixás

Romildo; Toninho. In: NUNES, Clara. *Claridade*. [s.l.]: Odeon, 1975. Faixa 3.

Reprodução/EMI

Clara Nunes (1942-1983) foi uma cantora popular brasileira, adepta do candomblé, cantava sobre os aspectos da religião. Entre suas músicas mais famosas estão "O mar serenou" e o "Canto das Três Raças".

Ouça a canção e responda:

Quais orixás são citados na letra? O que esses orixás representam?

SESSÃO DE CINEMA

Órum Àyé: a criação do mundo

Direção de Jamile Coelho e Cintia Maria. Estandarte Produções, 2015.

Reprodução/Jamile Coelho/Cintia Maria/Estandarte Produções

Bira conta para Luna, sua neta, a história de como os orixás africanos criaram a Terra e os seres humanos. Estão presentes orixás como: Olodumaré, Orunmilá, Oduwuwa, Oxalá, Nanã e Exu. A animação, dirigida por duas jovens cineastas baianas, além de proporcionar a preservação da tradição e da oralidade, mostra um pouco da riqueza cultural e religiosa de matriz africana, além de auxiliar na preservação dessa tradição.

Após assistir à animação, responda:

1) **Na sua opinião, como a história da criação do mundo pelos orixás pode ajudar a compreender melhor a realidade?**
2) **Para você, quais outras formas de arte podem ajudar na preservação das culturas e das religiões?**

[...] Eu evoco – Obaluaê
Oh!
Deus das doenças
Orixá que surge, diante dos meus olhos
Na figura sofredora de Lázaro.
[...] Ouve a minha súplica, atende ao apelo angustioso do teu filho.
Que se debate no maior dos sofrimentos.

Salva-me – Irmão Lázaro.
Aqui estou diante da tua imagem sofredora,
Erguendo a derradeira prece dos vencidos,
Conformado com o destino que o Pai Supremo determinou.
Para que eu suplicasse minha alma no maior dos sofrimentos.
Salve minha alma desse tormento que me alucina.
Tome meu corpo em teus braços.
Eleva-me para teu reino.

Se achares porém, que ainda não terminou minha missão neste planeta,
Encoraja-me com exemplo da tua humildade e da tua resignação.

Alivia meus sofrimentos, para que levante deste leito e volte a caminhar.
Eu te suplico, mestre!

Eu me ajoelho diante do poder imenso,
De que és portador.
Invoco a vibração do Obaluaê.

A – TÔ – TÔ, Meu Pai.
Obaluaê [...]

Prece de Obaluaê.

Disponível em: <www.genuinaumbanda.com.br/oracoes/preces/prece_a_obaluae.htm>.
Acesso em: 27 mar. 2018.

De Agostini/Getty Images

Pallas Athena (1898), tela de Gustav Klimt. A deusa da civilização é uma das principais divindades da mitologia grega.

4

O saber dos antigos

O paganismo

Entre os povos antigos, a cultura e a organização social estavam ligadas à religião. Os deuses não estavam apenas nos templos. Hoje, a religião é circunscrita à crença de cada um. Entre os antigos, as terras eram de propriedade dos deuses, e os humanos só podiam usá-las como servos. No Egito, em Roma e na Mesopotâmia, os reis tinham poderes absolutos por serem filhos das divindades ou a própria divindade. Nos sistemas religiosos da Antiguidade havia crenças comuns, como a vida após a morte, o mundo espiritual, a mitologia, a divindade, os cultos e os rituais.

O paganismo era um conjunto de crenças politeístas, embora haja indícios de tentativas de cultos monoteístas no Egito, na Babilônia e na China. Nessas crenças politeístas, havia uma relação estreita entre os seres humanos e as divindades.

Album/Fotoarena

Marduk, deus do Sol, perseguindo Tiamat (monstro do Caos), que roubou as tábuas do destino. Ilustração inglesa de 1853, do baixo-relevo localizado no templo de Nimrud, Iraque.

A relação com os deuses

Nas religiões pagãs, os seres humanos deviam cultuar, reverenciar e respeitar os deuses. Sua relação com eles era diária; todas as suas ações passavam por aprovação divina. Nas antigas crenças pagãs, as divindades orientavam questões políticas, econômicas, agrícolas, familiares e pessoais.

Os gregos antigos valorizavam essa influência, inclusive nas artes e na literatura. Os romanos recorriam aos deuses nas guerras. Nada se fazia sem consultá-los. Os destinos humanos estavam nas mãos deles.

Vale lembrar que o paganismo não está totalmente extinto; embora o número de seguidores seja pequeno, há várias pessoas que ainda se dedicam aos cultos pagãos.

Album/Fotoarena/Museu Arqueológico de Nápoles, Itália

Culto de adoração à deusa Ísis. Afresco em Pompeia, Itália.

Da mesma forma que no candomblé, as divindades tinham características humanas: eram invejosas, exigentes e guerreiras; amavam e odiavam; competiam com os humanos e com os outros deuses; comiam e bebiam; tinham filhos com as deusas e com as mulheres; vingavam-se quando desafiadas e perseguiam seres humanos e deuses quando possuídas por inveja ou rancor, mas também eram pacientes e benevolentes em muitos momentos.

Como se dava essa relação com a divindade variava de lugar para lugar. Entre os mesopotâmicos, os deuses eram os mais violentos e sanguinários. Viviam com os humanos em clima de terror. Já entre os gregos, embora a relação também fosse conflituosa, era bem mais familiar. Os romanos procuravam viver de forma mais harmoniosa, obediente, sem desavenças, para não serem castigados. Os egípcios tinham com seus deuses relações mais amistosas.

Os deuses eram muito poderosos e, quando se enfureciam, enviavam à humanidade males e destruição. Para conquistar sua benevolência, os seres humanos deviam demonstrar honra, ser justos e ter consideração pela divindade. Agindo assim, nunca seriam punidos. Mas, se deixassem algum deus furioso, a única maneira de controlar sua ira era por meio de um sacrifício ou de uma oração.

Nem sempre os deuses se encolerizavam e davam castigos. A base da religião pagã estava na confiança mútua entre os humanos e os deuses. Muitas vezes estes praticavam atos heroicos, eram amáveis e ajudavam a desenvolver as artes, a música, a tecelagem, a ferragem e todos os conhecimentos da época. Assim, garantiam-se a cooperação, a benevolência e a união entre deuses e seres humanos. A saúde, a prosperidade, as colheitas fartas, o sucesso na guerra e a felicidade dependiam dessa boa relação. Havia festas, procissões, jogos, danças e banquetes em nome da religião.

Album/Fotoarena

Anúbis, deus egípcio dos mortos, atende a múmia de Sennedjem em seu túmulo.

A ligação entre os seres humanos e os deuses era essencial. No Egito, os sacerdotes eram responsáveis por essa união. Na Mesopotâmia, os adivinhos faziam a ligação entre eles. Em Roma e na Grécia, os adivinhos também se comunicavam com os deuses, mas a principal forma de ligação era feita pela pitonisa. A pitonisa mais famosa se encontrava na cidade de Delfos. O deus Apolo dava suas orientações por meio dela. A pitonisa era uma mulher que entrava em transe e estabelecia contato com os deuses. O objetivo dos sacerdotes, adivinhos, oráculos e pitonisas era transmitir aos humanos o conhecimento do futuro, comunicar as orientações e decisões dos deuses e amenizar as aflições humanas.

Transe: estado de alteração da consciência que pode ser causado ou induzido por diversos meios ou fatores; nesse estado, o indivíduo entra em contato com forças ou entidades espirituais.

Oráculos: divindades que respondem a consultas e orientam o crente. Além disso, pode ser tanto a resposta da consulta quanto o intermediário que a transmitiu (pitonisa, sacerdote, etc.).

Hercules Milas/Alamy/Fotoarena/ Museus do Vaticano

Estátua do deus Apolo no Museu do Vaticano.

De Agostini/Getty Images\Museu Arqueológico de Tarento, Itália

Apolo consultando pitonisa no oráculo de Delfos. Fragmento de um vaso grego do século IV a.C.

Os ensinamentos

A religião pagã e a mitologia do mundo antigo buscavam explicar de onde tinham se originado o Universo, o mundo, a vida, a natureza e os seres humanos. As divindades controlavam todas as coisas. Estabeleciam leis para se viver. A justiça era a lei máxima nesse mundo. Se os seres humanos não a seguissem, seriam castigados.

O sentimento dos seres humanos em relação aos deuses às vezes era de respeito filial, às vezes de medo. Em determinadas passagens da literatura grega, Zeus é chamado de pai; em outras, ele aparece como um senhor tirânico. De todo modo, na comunhão com os deuses, a condição humana se tornava menos frágil e mais feliz. Essa comunhão era mais poderosa porque a morte não era o fim da vida; ao contrário, era sua renovação. Uma nova vida viria após a morte, e os homens continuariam a viver em comunhão com os deuses. E, como diziam os egípcios, uma boa vida aqui na Terra garantiria uma passagem tranquila e uma vida feliz do outro lado.

Têmis, deusa da Justiça, que também é representada segurando uma balança nas mãos. Estátua de mármore do século III a.C.

O X DA QUESTÃO

1) Os antigos achavam que sua relação com os deuses era diária e profunda. Atualmente, na civilização ocidental, há uma relação com Deus diária e profunda? Por quê?

2) Você acha que a felicidade depende da nossa relação com Deus, ou a felicidade não tem nada a ver com algo espiritual? Justifique sua resposta.

3) Você considera, como os egípcios antigos, que, se tivermos uma boa conduta nesta vida, teremos uma boa vida espiritual? Por quê?

Evocação dos mortos

Num dos principais livros da literatura grega, *Odisseia*, de Homero, que narra a história do herói Ulisses, temos um exemplo de como a relação com a alma dos mortos era considerada natural na Grécia antiga.

Ulisses é rei de Ítaca e, depois de lutar na Guerra de Troia, desafia os deuses. Poseidon envia-lhe então um castigo para abater seu orgulho. Para piorar as coisas, o herói, numa disputa, cega o filho de Poseidon. Por esse ato, Ulisses fica perdido no mar, navegando de ilha em ilha na tentativa de voltar para casa, e só consegue retornar à sua terra natal depois de muitos anos.

Erich Lessing/Album/Fotoarena/Museu Arqueológico de Sousse, Tunísia

Triunfo de Netuno, mosaico do século III a.C., em residência em Túnis, Tunísia. Netuno é o nome romano de Poseidon.

Em suas viagens, durante esse tempo, chega à terra dos Cimérios e lá evoca as almas dos mortos para saber de seu destino.

[...] A alma que primeiro se apresentou foi a de meu companheiro Elpenor, que não recebera ainda sepultura sob a terra de largos caminhos. Havíamos deixado seu corpo na mansão de Circe, sem que o tivéssemos chorado, sem funerais, porque tarefa mais urgente se nos impunha. Ao vê-lo, as lágrimas jorraram-me dos olhos e o coração se me enterneceu de compaixão. Erguendo a voz, dirigi-lhe estas palavras aladas: "Elpenor, como vieste sob esta bruma tenebrosa?" [...] Assim falei, e ele me respondeu entre gemidos: "[...] Ulisses, a causa de minha morte foi o maléfico destino imposto pela divindade, bem como o excesso de vinho que bebi. Encontrando-me deitado no telhado do palácio de Circe, querendo descer, não pensei em tomar a alta escadaria, mas caminhei direto e precipitei-me no solo, quebrei as vértebras do pescoço e minha alma baixou à morada de Hades. Agora, [...] peço-te que, uma vez lá, te recordes de mim. Não te afastes, deixando meu corpo sem lágrimas e sem sepultura [...]". [...] Sobreveio então a alma do tebano Tirésias, que empunhava um cetro de ouro. Reconheceu-me e disse: "[...] Ulisses, por que, infeliz, deixaste a luz do sol e vieste visitar os mortos e a melancólica região? Afasta-te da fossa, desvia a ponta de tua espada, para que eu beba o sangue e te diga a verdade". [...] O irrepreensível adivinho [...] dirigiu-me estas palavras: "Glorioso Ulisses, anseias pelo regresso doce como o mel, mas um deus torná-lo-á custoso, porque, segundo penso, o Sacudidor da terra não te deixará passar; seu coração está possuído de rancor contra ti, por teres cegado seu filho querido. Mas, a despeito de sua cólera, poderás ainda, à custa de inúmeras provações, chegar à pátria, se estiveres disposto a conter teu coração e o dos companheiros". [...]

Art Images/Getty Images

Ulisses e as sereias. Mosaico representando Ulisses em passagem da *Odisseia*. Localizado no Museu Nacional do Bardo em Túnis, capital da Tunísia.

Depois de assim ter falado, a alma do rei Tirésias, após ter-me revelado estas decisões dos deuses, voltou a entrar na morada de Hades. E eu ali fiquei imóvel, até que minha mãe chegou [...]

"[...] Fala-me de meu pai, do filho que deixei na pátria: mantêm eles ainda o meu poderio, ou teria este passado a mãos estranhas? Dizem acaso que não mais regressarei? Revela-me as intenções e os pensamentos de minha legítima mulher: continua ela junto de nosso filho, e conserva intacta toda minha fazenda, ou tomou já por esposo algum nobre de entre os Aqueus?"

Assim falei; imediatamente minha veneranda mãe me respondeu: "Sim! Ela continua, de ânimo fiel, em teu palácio, passando as noites gemendo e os dias debulhada em lágrimas. Ninguém, até hoje, se apoderou do teu poder régio; Telêmaco administra, em paz, tua fazenda [...]. Teu pai permanece na ilha, no campo, sem baixar à cidade. [...] se deita, consumido de tristeza, revolvendo no espírito sua imensa dor, na esperança do teu regresso, ao mesmo tempo que sobre ele se vai se abatendo o peso dos anos. Da mesma maneira, eu morri e cumpri o meu destino. [...] nem sucumbi vítima de enfermidade que me tivesse privado da vida em consequência de terrível definhamento do corpo; foram, sim, as saudades de ti, as preocupações a teu respeito, nobre Ulisses, a minha ternura para contigo que me tiraram a vida doce como o mel". [...]

HOMERO. *Odisseia*. São Paulo: Nova Cultural, 2002. p. 143-146.

AGORA É COM VOCÊ

O texto descreve uma relação com os mortos muito natural no mundo antigo. Ulisses evoca almas amigas para se aconselhar. Qual é a sua opinião sobre esse texto e essa atitude dos antigos? Justifique sua resposta.

BEBENDO NA FONTE MESOPOTÂMICA

Mesopotâmia

As civilizações antigas eram extremamente religiosas e produziram belos hinos, orações e textos sobre religião. O texto a seguir foi criado pela civilização mesopotâmica, que data de aproximadamente 2 mil anos antes de Cristo. É um hino a Sin, sua principal divindade.

Senhor,
Chefe dos Deuses,
Único grande,
na terra como no céu...

Pai,
cuja realeza é perfeita,
Chefe dos Deuses!
Pai,
que caminhas com majestade
[incomparável,
vigoroso búfalo de chifres possantes,
de estatura admirável.

Fruto que te geras a ti mesmo!
Personagem sublime!
Maravilhoso para se ver!
Ninguém jamais se sacia
de tua plenitude!

Seio materno,
que tudo geraste...
Misericordioso Pai,
cheio de bondade!
Em tuas mãos
está contida a vida
do mundo inteiro...

Senhor,
Senhor,
Tua divindade brilha com
[glória sublime.
Sublime como o céu,
Vasta como o mar...

CINTRA, Raimundo; MURARO, Rose M. (Sel.). *As mais belas orações de todos os tempos*. Rio de Janeiro: Livraria José Olympio Editora, 1968. p. 17-18.

AGORA É COM VOCÊ

O hino descreve um deus todo-poderoso que criou todas as coisas, um ser sublime, cheio de bondade. Na sua avaliação, esse hino fala do monoteísmo ou do politeísmo? Justifique sua resposta.

Ruínas do Santuário de Nabu, deus mesopotâmico, localizadas em Palmira, Síria.

Manuel Cohen/ Agência France-Presse

FALANDO DE ESPORTES

O culto ao corpo

Os gregos valorizavam a prática de esportes para formar corpos considerados por eles perfeitos e belos e preparar-se para a guerra. O padrão de beleza era diferente para homens e mulheres: enquanto os homens eram musculosos e atléticos, o ideal feminino era um corpo com curvas tal qual o representado na escultura da Vênus de Milo. Mas o principal caráter dos jogos era a homenagem aos deuses do Monte Olimpo. As Olimpíadas nasceram em 776 a.C., na cidade de Olímpia. Eram jogos realizados de quatro em quatro anos. Havia um estádio que comportava 40 mil pessoas. No período dos jogos, as guerras eram interrompidas. As provas eram de vários tipos: corridas a cavalo, a pé e em carros; lutas livres; lançamentos de discos; saltos em altura e concursos musicais. Os vencedores escolhidos por Zeus recebiam uma coroa de folhas de oliveira e conquistavam fama e glória.

Apologia: exaltação, elogio.

Os esportes gregos eram competitivos e às vezes violentos. Os praticantes precisavam ter uma rígida disciplina e não podiam desrespeitar as regras. Os homens da Antiguidade dedicavam-se aos jogos para dar exemplo de força e ter corpos cada vez mais fortes e belos. Entre os antigos havia o culto à beleza corporal.

O culto ao corpo foi retomado no século XIV, com o Renascimento, e chegou ao extremo nos dias de hoje. Valorizamos apenas as pessoas que têm formas dentro de terminado padrão, assim como faziam os antigos. A publicidade faz a apologia de pessoas com esse corpo idealizado, não importando a maneira como elas o conseguem.

Album/Fotoarena/Museu Arqueológico Nacional de Nápoles, Itália

Estátua de Doríforo, de Policleto. Representação do corpo ideal masculino na Grécia antiga.

Francois Lochon/ Gamma-Rapho/Getty Images

A Vênus de Milo representa o modelo idealizado do corpo feminino na Grécia antiga.

E+/Getty Images

Alunos treinam em academia de ginástica.

Diariamente os meios de comunicação trazem a informação de que homens e mulheres fazem cirurgias e se dedicam a dietas em clínicas de emagrecimento em busca de um corpo muitos vezes irreal. Sem contar a busca desenfreada por academias de ginástica para chegar à forma que a moda dita. A indústria da beleza está lucrando como nunca. Há um grande consumo de produtos estéticos.

É verdade que a busca da beleza pode fazer bem à pessoa, aumentando-lhe a autoestima e o prazer em viver. O cuidado com o corpo é também um cuidado com a saúde. E temos consciência de que cuidar da saúde é algo fundamental. Os médicos e os nutricionistas dizem que principalmente deve-se buscar duas coisas: uma alimentação saudável e equilibrada e a prática de exercícios físicos com frequência. Essas atitudes contribuem para o bem-estar corporal e mental.

Entretanto, é preciso refletir sobre duas questões preocupantes a esse respeito: a exploração comercial do corpo e das coisas relacionadas a ele e a padronização da forma. Aqueles que não atingem o padrão de beleza considerado ideal pela sociedade são discriminados e excluídos.

AGORA É COM VOCÊ

1) Qual é a sua opinião sobre o culto ao corpo praticado nos dias de hoje? Justifique sua resposta.

2) Sob a orientação do professor, forme grupos com seus colegas, de modo que cada grupo represente uma civilização pagã antiga (Egito, Mesopotâmia, Pérsia, Grécia, Roma, etc.). Em seguida, realizem uma pesquisa sobre os seguintes aspectos de cada região: os principais deuses e suas funções, como era o culto, os principais mitos, a vida econômica, a arquitetura, as artes, a literatura, etc. Depois da pesquisa, organizem o material e montem um painel da forma que acharem mais adequada. Apresentem a produção na sala para os outros grupos e depois exponham para o restante da escola.

DE OLHO NO MUNDO

Erich Lessing/Album Fotoarena/Museu do Louvre, Paris, França

Procissão de arqueiros. Mosaico do Palácio de Dario, o Grande, em Susa, Irã.

As nações expansionistas e as guerras

No mundo antigo, as nações eram guerreiras e expansionistas. Dava-se importância à fabricação de armas, capacetes, escudos, armaduras, lanças e espadas para a utilização dos exércitos. As cidades antigas em geral tinham fortalezas e muralhas para se defenderem dos ataques inimigos. Podemos citar os egípcios, os persas, os assírios, os mesopotâmicos, os gregos e os romanos como exemplos de povos que guerreavam para obter território, riqueza e poder.

As nações antigas possuíam tecnologias de guerra e exércitos para expandir suas fronteiras, conquistar outras cidades e países. Assim, tornavam-se poderosas e ricas. Será que hoje é diferente?

A resposta é *não*! Esse quadro permanece. O século XX foi considerado o século das guerras por ter sido palco de muitas batalhas, duas delas mundiais. A Segunda Guerra Mundial contou com um dispositivo de guerra nunca antes usado pelo ser humano: a bomba atômica.

Expansionistas: inclinadas a crescer dominando outros povos.

Atualmente produzimos novas e cada vez mais poderosas tecnologias de guerra. Aperfeiçoamos continuamente o arsenal de armas e bombas para promover a morte. Usamos a inteligência para destruir e dominar nossos semelhantes. Promovemos guerras injustas e matamos pessoas inocentes apenas com o objetivo de adquirir mais riqueza e poder. Esquecemo-nos da ética e do direito à vida.

Nas inúmeras guerras do século passado, as nações lutaram para obter riquezas e novos domínios. Enquanto alguns países ainda traçam planos e guerreiam para conquistar mais poder, a maioria dos povos passa fome e convive com a pobreza. Não podemos esquecer, no entanto, que as pessoas estão cansadas da guerra e tremulam suas bandeiras pedindo paz, fraternidade e justiça. Não podemos aceitar mais as nações querendo implantar a lei do mais forte por meio da guerra, do sofrimento e da morte. Devemos construir um mundo em que todos vivam de forma solidária.

Tim Wimborne/Reuters/Fotoarena

Soldados americanos em patrulha na província de Kunar, Afeganistão, 2012.

FALANDO DE ARTE SACRA

Arte pagã

A arte pagã é muito antiga, tendo produzido obras belíssimas na literatura, nas artes e na arquitetura. As produções arquitetônicas são famosas por suas riquezas e belezas. Veja, nesta seção, algumas delas.

iStockphoto/Getty Images

Ruínas de Guachimontones, única pirâmide redonda do mundo, em Teuchitlán, México. Foto de 2015.

Ioannis Mantas/Alamy/Fotoarena

Ruínas do templo de Posêidon, no cabo de Sounion, Grécia. Foto de 2017.

Mario Goldman/Agência France-Presse

Pirâmide de Quéfren e a Grande Esfinge, no Egito. Foto de 2018.

E PARA TERMINAR

Leia este trecho da obra *Meditações*, do imperador e pensador romano Marco Aurélio (121-180) e responda às questões.

Album/Fotoarena/Museu Capitolino, Roma, Itália

O triunfo de Marco Aurélio é um relevo romano feito em mármore e atualmente localizado em um dos Museus Capitolinos, em Roma, Itália.

Ou os deuses não têm poder ou eles têm poder. Se, então, eles não têm poder, por que você ora a eles? Mas se eles têm poder, por que não rezam para que eles te deem a faculdade de não temer nenhuma das coisas que temes, ou de não desejar nenhuma das coisas que desejas, ou não sofrer em nada, em vez de orar para que alguma dessas coisas não aconteça ou aconteça? Certamente, se podem cooperar com os homens, podem cooperar para esses fins. Mas talvez você diga, os deuses os colocaram em seu poder. Bem, então, não é melhor usar o que está em seu poder como um homem livre do que desejar de uma maneira escrava e abjeta o que não está em seu poder? E quem disse que os deuses não nos ajudam nem nas coisas que estão em nosso poder? Comece, então, a orar por essas coisas, e você verá. Um homem reza assim: Como poderei me deitar com aquela mulher? Reza assim: Como não desejarei me deitar com ela? Outro reza assim: Como serei libertado disso? Outro reza: Como não desejarei ser libertado? Outro assim: Como eu não perderei meu filhinho? Você assim: Como não terei medo de perdê-lo? Em suma, transforme suas orações assim e veja o que vem.

MARCO AURÉLIO. In: ELIOT, Charles W. *The Harvard Classics*: The Meditations of Marcus Aurelius. Danbury: Grolier, 1980. p. 272. Tradução dos autores.

1) Esse texto apresenta algumas ideias fundamentais a respeito da oração para os romanos. Quais são essas ideias?

2) Como Marco Aurélio, você pensa que Deus nos ajuda mesmo nas coisas que dependem do nosso esforço? Por quê?

SESSÃO DE CINEMA

A Odisseia

Direção de Andrei Konchalovsky. Hallmark Entertainment and American Zoetrope, 1997.

Transposição para a tela de cinema do poema de Homero, a *Odisseia*, em que aparecem a deusa Atena e a cena da evocação dos mortos.

Procure assistir ao filme indicado pensando nesta questão:

Você acha justo o castigo imposto a Ulisses? Por quê?

Quem traçou o caminho ao sol e às estrelas?
Quem senão tu, por quem a lua cresce e míngua?
Quem fixou embaixo a terra para que não caia?
E colocou em cima o céu das nuvens?
Quem fixou as águas e fez germinar as plantas?
Quem atrelou ao vento e às nuvens os seus corcéis?
Quem é o sábio, o criador do pensamento bom?
Que artista fez a luz e as trevas?
Quem criou o sono e a vigília?
Quem fez a manhã, o meio-dia e a tarde,
para indicar ao homem sensato a sua tarefa?
[...] É por teu pensamento, ó Sábio,
que te reconhecemos
como o primeiro e o último!
Como o Pai do bom pensamento,
o incontestável criador da justiça,
o Senhor dos atos da existência...

Zaratustra.

In: CACO E CÉSAR. *Qual a sua opção?*: identidade e liberdade na Pastoral da Juventude. São Paulo: Edições Loyola, 1992. p. 114.

Michael Jacobs/Alamy/Fotoarena

Judeu ortodoxo reza diante do Muro das Lamentações, Jerusalém, Israel. Foto de 2017.

5

O povo de Israel

Povo ou religião?

O judaísmo é uma das tradições religiosas mais antigas da humanidade. Começou em Canaã (antigo nome da região que hoje forma Israel), às margens do rio Jordão, e exerceu forte influência sobre a civilização ocidental. Até hoje os judeus atuam no mundo de forma marcante. É o povo que está na Bíblia, que a escreveu e que viveu seus escritos.

Mas, afinal, os judeus são um povo, uma etnia, uma religião, ou ser judeu é simplesmente um modo de ser e de ver as coisas? Ou tudo isso ao mesmo tempo? Há judeus louros, morenos e negros. Há judeus de todas as nacionalidades, como brasileiros e estadunidenses. É possível que alguém se converta ao judaísmo – como a qualquer outra religião. Ao mesmo tempo, é possível ser judeu sem praticar o judaísmo, tendo nascido de pais judeus – como ocorre com qualquer outro povo. Nação e religião são conceitos que se identificam para o povo de Israel.

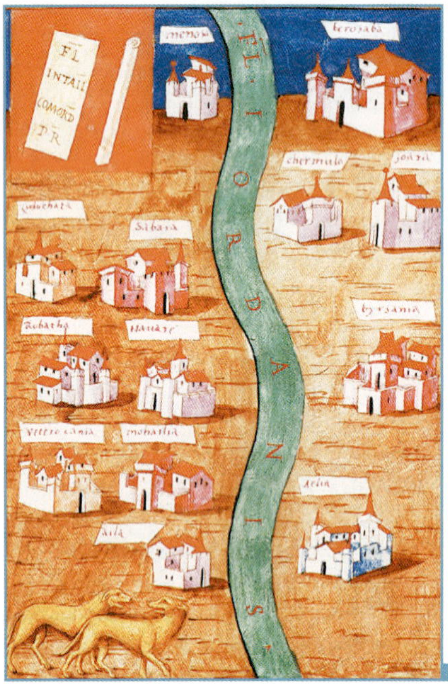

Reprodução/Biblioteca Nacional, Paris, França

Mapa do rio Jordão, século XV.

Thomas Coex/Agência France-Presse

Vista geral da cidade velha de Jerusalém, com o Domo da Rocha e sua cúpula dourada, à esquerda. Foto de 2017.

DPA/Alamy/Fotoarena

Escola primária judaica nos Estados Unidos, em 2015.

Como tudo começou

Há muitas centenas de anos, Abraão vivia ao lado de Taré, seu pai, que fabricava ídolos. Um dia, quando o pai chegou em casa, o filho havia arrancado a cabeça de todas as estátuas. Taré se perguntou se os deuses tinham brigado entre si. Mas chegou à conclusão de que era impossível, pois eram apenas esculturas. E Abraão então lhe disse: "Se sabes que elas não têm vida, por que as cultuas?".

Ídolos: estátuas ou objetos cultuados como deuses ou deusas.

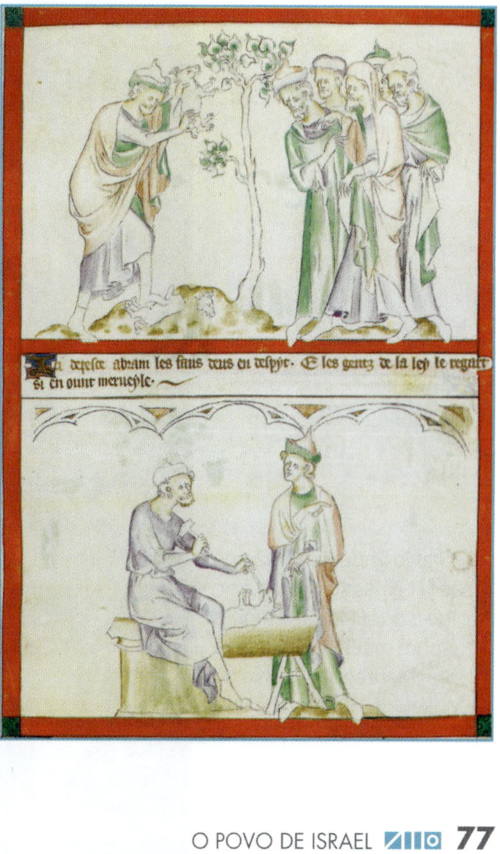

British Library/Easypix Brasil

Na imagem de cima, Abraão quebra as esculturas de seu pai. Na imagem de baixo, Abraão explica por que as quebrou. Ilustração inglesa de autor desconhecido.

A partir daí, Abraão fundou uma nova descendência de um povo devotado a um só Deus, cujo nome alguns traduzem como Yaveh. Esse Deus era vivo, não representado por imagens, e prometeu proteção ao povo que o seguisse. Ao mesmo tempo, deu-lhe a sua lei, para que a cumprisse, mantendo a aliança com os descendentes de Abraão, primeiro dos patriarcas.

Patriarcas: chefes de família entre os povos antigos. Designação dos primeiros instituidores de algumas ordens religiosas.

Um dia, para provar a obediência de Abraão, esse Deus lhe ordenou que sacrificasse seu único filho, Isaac. O pai amava o filho, mas ia obedecer à ordem, quando um anjo apareceu para impedir a morte do menino. Na verdade, Deus queria apenas testar a fidelidade de Abraão, mas não permitiu que ele sacrificasse o próprio filho.

Depois de Abraão, Isaac foi o segundo patriarca do judaísmo, seguido por seu filho, Jacó, que Deus chamou de Israel – por isso o povo que o seguiu ficou conhecido como "israelita" (o nome "judeu" veio muito depois). Sua descendência multiplicou-se e a história desse povo preencheu os muitos livros que compõem a Bíblia.

Erich Lessing/Album/Fotoarena/Museu de História da Arte, Viena, Áustria

O anjo impede Abraão de sacrificar Isaac. *O sacrifício de Isaac* (1490), têmpera sobre madeira de Andrea Mantegna. Acervo do Museu de História da Arte, Viena, Áustria.

CONTANDO UM CONTO

José e seus irmãos

Há muito tempo, na terra de Canaã, vivia um rico pastor e fazendeiro chamado Jacó. Ele tinha grandes rebanhos e muitos servos. Tinha também doze filhos, sendo José o mais amado. Talvez porque José fosse sempre amável e obediente; talvez por ser o primogênito da bela Raquel, que morrera ao nascer o irmãozinho Benjamim; de qualquer modo, Jacó amava José profundamente, e com muita ternura.

Esse grande amor enfurecia e enciumava os irmãos:

– Nosso pai vai lhe dar todas as riquezas e torná-lo nosso senhor – diziam.

Quando José estava com dezessete anos, o pai deu-lhe um belo casaco, de muitas cores. Quando passava pelos irmãos vestindo o casaco, eles sentiam ainda mais ciúme e raiva. Às vezes, José lhes contava uns sonhos estranhos, indicando que algum dia ele seria mais rico e poderoso que os outros. Isso fazia com que o odiassem amargamente.

Um dia, os irmãos levaram os rebanhos a um pasto muito distante; Jacó chamou José e disse:

– Vá ver se está tudo bem com seus irmãos e os rebanhos e volte com notícias.

José sempre ficava feliz por servir ao pai, e saiu na direção de Shechem para encontrar os irmãos. Mas estes haviam conduzido os rebanhos para ainda mais longe; José andou muito tempo pelos campos antes de achá-los.

Quando o viram ao longe, o ciúme que dia a dia corrompia seus corações tornou-se um ódio tão cego que começaram a planejar o assassinato do próprio irmão. Só Rubens, o mais velho, estava determinado a salvar José, se pudesse. Ele fingiu concordar com os demais e sugeriu:

– Vamos jogá-lo no poço e abandoná-lo nestes campos selvagens.

Ele tinha intenção de retornar, de alguma forma, e fazer com que José voltasse à casa do velho pai.

À medida que José foi se aproximando, os irmãos começaram a zombar dele.

– Cuidado com o sonhador! – caçoavam. – Vamos ver agora o que acontece com os seus sonhos!

Agarraram-no, arrancaram com rudeza o seu belo casaco e jogaram-no dentro do poço profundo. Depois, alguns sentaram-se ali por perto e comeram, rindo dos gritos e súplicas de José.

Enquanto estavam ali sentados, uma caravana de mercadores passou pelo caminho. Os camelos estavam carregados de especiarias e mirra, que levavam para o Egito.

– Venham – disse Iudá –, vamos vender José a esses ismaelitas. Eles o levarão para o Egito e nunca mais o veremos. Vamos ficar livres dele, sem ter que manchar nossas mãos com o seu sangue.

Os outros concordaram e içaram José do poço. Ele implorou desesperado para que o deixassem voltar para casa, mas seus corações já estavam endurecidos, e eles o venderam por vinte peças de prata. Os ismaelitas colocaram José sobre um camelo e foram embora, rumo à estranha terra do Egito.

Rubens voltou ao poço e viu que José se fora. Rasgou as roupas, em grande tristeza, mas os outros irmãos disseram:

– Ainda bem que nos livramos mesmo dele. Agora, ele nunca nos governará.

Pegaram o casaco de José e rasgaram, depois molharam com sangue de um filhote, para que o pai pensasse que fora devorado por alguma fera. Ao ver o casaco, Jacó chorou amargamente.

Enquanto isso, os ismaelitas continuaram sua viagem para o Egito, carregando o rapaz solitário. Lembrava-se sempre dos ensinamentos do pai e mantinha o coração cheio de fé e coragem.

Chegando ao Egito, José foi vendido a Potifar, um oficial do rei, chamado o Faraó. Logo, os modos gentis e a aparência graciosa de José lhe garantiram o amor e a confiança de todos. Tudo o que fazia prosperava, e o capitão egípcio viu que Deus estava com ele; tornou-o então o supervisor de sua casa. Ali José aprendeu os costumes da terra, soube como comandar homens e conheceu as necessidades do país.

Mas os dias felizes e prósperos logo chegaram ao fim. A mulher de Potifar encheu-lhe as ideias com calúnias a respeito de José, que acabou jogado na prisão. Alguns servos do Faraó, presos por tê-lo desagradado, ouvindo as conversas tão sábias de José, sentiram que seu conhecimento provinha de Deus.

Dois longos anos se passaram, ao fim dos quais o Faraó ficou muito perturbado com um estranho sonho e precisou de aconselhamento. O açougueiro-chefe, que havia estado na prisão com José, lembrou-se de sua grande sabedoria:

– Mande buscar o jovem prisioneiro hebreu – disse ao Faraó. – Ele vai interpretar seu sonho.

O Faraó mandou chamar José, que foi retirado do calabouço e levado à sua presença. Ouviu o sonho estranho, onde havia sete vacas magras saindo do rio e devorando sete vacas gordas; sete espigas de milho murchas que brotavam e devoravam sete espigas cheias e boas. E Deus concedeu a José sabedoria para entender o significado do sonho.

Album/Fotoarena/Coleção AKG, Berlim, Alemanha

José interpreta o sonho do Faraó, gravura em madeira de Gustave Doré (1832-1883).

– Oh, Rei – disse ele –, há sete anos de grande fartura à vista, mas esses sete anos serão seguidos por sete anos de fome na terra. Que o rei ordene que a comida seja reunida e armazenada durante os sete anos de fartura.

O Faraó acreditou nas palavras de José e o nomeou chefe governante da terra. Só o próprio rei o superava. Deu-lhe riquezas e poder [...].

Nos sete anos que se seguiram, José ordenou a construção de grandes armazéns e encheu-os de grãos; assim, quando vieram os anos de escassez, havia pão no Egito e em nenhum outro lugar. De todos os países vizinhos acorriam compradores do pão do Egito.

O idoso Jacó soube que havia pão no Egito e enviou dez filhos para lá. Benjamim, o mais novo, ficou. O pai temia que o mal também se abatesse sobre o outro filho de sua bem-amada Raquel, mãe de José.

Os dez irmãos partiram para o Egito e foram ter com o governador da terra. Curvaram-se diante dele, sem saber que o rico e poderoso governador era seu próprio irmão, que tinham vendido aos ismaelitas muitos anos atrás. Mas José os reconheceu e lembrou-se dos seus sonhos na juventude. Alegrou-se com os tristes acontecimentos, pois haviam possibilitado este momento.

Seu coração ansiava por sua própria gente, mas quis testar seus irmãos e, assim, falou-lhes com aspereza, acusando-os de serem espiões:

– Vocês dizem que têm um irmão mais jovem em casa; tragam-no, para que eu saiba que são dignos de confiança.

Como eles não prometeram buscar Benjamim, colocou-os na prisão por três dias. Depois, ao estarem novamente com ele, de início os irmãos conversaram entre si, profundamente desgostosos. Por fim, contaram a José sobre um irmão, cuja angústia haviam ignorado quando o venderam como escravo, muitos anos atrás.

– É por causa da nossa culpa que essa tristeza se abateu sobre nós – disseram.

José afastou-se deles e chorou por essas palavras, mas sentia que ainda não era hora de se fazer reconhecer. Então, fez com que Simeão ficasse como refém e encheu de milho as sacas dos outros irmãos, mandando-os de volta a Canaã. Mas o dinheiro de cada um foi cuidadosamente colocado por cima de cada saca.

Os irmãos se encheram de admiração e medo quando encontraram seu dinheiro. Voltaram a Jacó e contaram tudo o que havia acontecido; e seu coração se apertou pelos filhos.

Finalmente, a comida acabou outra vez, e, para não morrerem de fome, precisavam voltar ao Egito. Assim, Jacó concedeu que levassem Benjamim, como o estranho senhor havia ordenado. Mandou também ricos presentes e dobrou o dinheiro para os grãos que queria comprar, esperando assim agradar ao poderoso governador.

Quando encontraram novamente José e este viu Benjamim com eles, ordenou ao supervisor de sua casa que aprontasse um grande banquete para eles. Curvaram-se até o chão diante de José e contaram a ele sobre o dinheiro encontrado nas sacas.

– Não temam – disse ele –, o Deus de seu pai deu esse tesouro a vocês.

Trouxe Simeão, mantido como refém, e tratou a todos com grande bondade. Por fim, mandou-os de volta e, como antes, o dinheiro de cada um foi colocado dentro de cada saca. Mas na de Benjamim foi colocada a própria taça em que José bebia.

Quando já estavam fora da cidade, José mandou atrás deles seu atendente, que os interpelou:

– Por que recompensais o bem com o mal? Vocês levaram a taça onde bebe o meu senhor!

Obrigou-os a abrirem suas sacas e, quando a taça foi encontrada na saca de Benjamim, choraram muito desgostosos, apressando-se de volta à cidade. Jogaram-se aos pés de José e suplicaram pela liberdade de seu irmão mais novo. Iudá disse:

– O irmão dele está morto, e da sua mãe só restou este, que o pai ama muito.

Iudá implorou que ele mesmo ficasse como escravo no lugar do irmão.

Então José soube que seus corações não abrigavam mais o ciúme e o egoísmo e clamou-lhes:

– Eu sou José, seu irmão. Não se entristeçam mais por terem me vendido, pois Deus me mandou adiante de vocês para que a vida fosse preservada.

The British Library/Arquivo da editora

Cenas da vida de José no Egito. Iluminura medieval do século XIV de autoria desconhecida.

Beijou os irmãos e demonstrou-lhes um grande amor.

– Vão – disse ele –, busquem nosso pai e tudo o mais de suas casas em Canaã. As melhores terras do Egito serão suas.

Os irmãos de José partiram e fizeram como lhes havia sido ordenado. Retornando ao Egito, construíram suas casas. Por fim, Jacó tomou os filhos de José nos braços e abençoou-os; e uma grande felicidade reinou entre eles por todos os seus dias.

BENNETT, William J. *O livro das virtudes II:* o compasso moral. Rio de Janeiro: Nova Fronteira, 1996. p. 56-60.

E FAZENDO A PONTE

Nessa história você pode perceber que, por meio dos sonhos, as pessoas previam o futuro ou entendiam melhor uma situação. No capítulo 2 (páginas 32 e 33), vimos os pajés das tribos indígenas brasileiras, que também recorrem aos sonhos. Na sua opinião, existe alguma semelhança entre as duas situações ou são fatos diferentes? Justifique sua resposta.

O sinal da aliança

Ministério do Turismo/Alamy/Fotoarena

Ritual de *Bar Mitzvah* diante do Muro das Lamentações, em Jerusalém, Israel. Foto de 2015.

Conta a Bíblia que o Deus de Israel mandou circuncidar todos os meninos que descendessem de Abraão, incluindo ele próprio. Até os dias de hoje os judeus são circuncidados no oitavo dia de vida. No judaísmo, isso representa a marca da aliança feita entre Yaveh e o povo de Israel.

Quando chegam aos 13 anos, os meninos se tornam *Bar Mitzvah*, isto é, "filhos do dever", e passam por um ritual no qual são integrados à comunidade e assumem a responsabilidade de serem judeus, devendo a partir daí cumprir todas as suas obrigações na nova condição. Como *Bar Mitzvah*, o menino tem a honra de ler as escrituras sagradas no dia de sábado, na sinagoga. Sábado (*Shabat*) é o dia em que os judeus não realizam nenhum trabalho para se dedicarem à oração e ao estudo. As orações podem ser feitas em casa ou na sinagoga, local onde se reúne a comunidade para estudar a lei de Moisés e, em conjunto, orar a Deus.

As meninas, aos 12 anos, tornam-se *Bat Mitzvah*. Entre os judeus mais conservadores, apenas os homens podem estudar as leis religiosas; entre os mais progressistas, as mulheres também podem fazê-lo.

Circuncidar: rito de iniciação que consiste em cortar o prepúcio. Para judeus e muçulmanos, é sinal da aliança entre Deus e os homens.

Danielle Shitrit/Notícias da ZUMA Wire/Alamy Live/Fotoarena

Ritual de *Bat Mitzvah* em Jerusalém, 2016.

Onde estão escritas as leis

A Bíblia (que significa "livros", em grego) é o livro religioso por excelência do judaísmo. É chamada por eles de Tanach (*ch* aspirado) e não é exatamente a mesma Bíblia dos cristãos, porque é constituída pelo Velho Testamento, mas com uma sequência diferente dos livros. Não há os evangelhos com a história de Jesus nem as cartas escritas pelos seus seguidores – que é a parte propriamente cristã. Os primeiros cinco livros formam a Torá (daí o *t* de Tanach) e sua autoria é atribuída a Moisés. A outra parte são os Profetas (Neviim, por isso o *n*) e depois os Escritos (Chetuvim – lê-se *ketuvim*).

Oleg Ivanov IL/Shutterstock

Torá.

Os livros da parte judaica da Bíblia começaram a ser escritos há aproximadamente 3 mil anos por diversos autores. Neles são narradas diversas passagens da história dos judeus e ensinados todos os preceitos do judaísmo por meio de centenas de personagens, poemas, orações e trechos de grande beleza literária e alcance universal.

Mas não é só no Tanach que se encontram os preceitos judaicos. Eles também foram reunidos por diversos rabinos (mestres) numa coleção de livros chamada Talmud, por volta do ano 500 da nossa era – esse ano corresponde, aproximadamente, ao ano judaico de 4260, uma vez que os judeus não contam o tempo a partir do nascimento de Jesus, como os cristãos.

Judeu lendo o Talmud (1910).

Vintage Images/Alamy/Fotoarena

Em que acreditam os judeus

Ron Sachs/dpa Picture-Alliance/Agência France-Presse

Kosher McDonald's, em Beit Shemesh, Israel. *Kosher* é um termo que designa os alimentos que seguem os preparos adequados às leis judaicas. Foto de 2017.

É preciso fazer a distinção entre os judeus ortodoxos e os judeus liberais. Os primeiros acham que tudo deve ser feito segundo a tradição mais antiga, sem nenhuma adaptação ao mundo moderno. Os liberais são mais flexíveis, buscam uma renovação do judaísmo no contexto da atualidade.

Todos acreditam num só Deus, que fez a aliança com seu povo, praticam os principais ritos e festejam as mesmas datas, como a Páscoa (*Pessach*) – em que se comemora a libertação do povo judeu do Egito conduzida por Moisés – e o ano-novo judaico, *Rosh Hashana*.

Todos consideram a família fundamental, a caridade e a ajuda ao próximo valores essenciais e elegem a sabedoria contida nos livros do Tanach como guia para a vida.

Os judeus mais tradicionais seguem à risca cada preceito e têm regras para cada ato da vida: como alimentar-se, proceder com sua higiene pessoal e doméstica, relacionar-se no casamento, educar os filhos, relacionar-se com as outras pessoas.

Tudo isso não impede que o judaísmo valorize a liberdade humana, ensinando que cada pessoa tem o direito de escolher o caminho que quiser.

O X DA QUESTÃO

1) Os judeus vivem em vários países do mundo. Na sua opinião, como deve ser a convivência entre judeus e não judeus?

2) Com base no que leu até aqui, o que você considera fundamental para a identidade judaica?

Alamy/Fotoarena

Celebração judaica da Páscoa, em 2008.

BEBENDO NA FONTE JUDAICA

A liberdade humana

Diz Maimônides (1135-1204), filósofo e médico judeu:

A livre e espontânea vontade é concedida a todo ser humano. Se o indivíduo desejar se voltar ao bom caminho e ser virtuoso, tem o poder de assim fazer. Se o indivíduo desejar se voltar ao mal e ser cruel, tem a liberdade de agir assim. Assim está escrito na Torá: "Eis que o homem tem se tornado como um de nós, para saber o bem e o mal" (Gn 3:22) – o que quer dizer que a espécie humana se tornou única no mundo – não havendo outras espécies como ela nesse sentido. O homem por si mesmo e pelo exercício de sua própria inteligência e razão sabe o que é bom e o que é mau [...].

MAIMÔNIDES. *Mishné Torá*: o livro da sabedoria. Rio de Janeiro: Imago, 2000. p. 273-274.

Geogphotos/Alamy/Fotoarena

Estátua de Maimônides em Córdoba, Espanha.

AGORA É COM VOCÊ

No volume 1 desta coleção vimos, num dos capítulos mais terríveis da história humana, que a população judaica no final dos anos 30 e início dos anos 40 do século passado foi perseguida por grupos e autoridades nazistas. As pesquisas mostram que essas perseguições levaram praticamente um terço da população judaica ao extermínio. Devemos pensar que esse fato doloroso aconteceu numa época em que se acreditava estarem consolidados na Europa alguns direitos humanos, como o direito das minorias à sua própria identidade. O resultado disso foi muito duro para o século XX e para a descrença em torno do ser humano que assolou a humanidade.

Sob a orientação do professor, forme grupos com seus colegas. Cada grupo deve escolher um tema em torno da questão da perseguição nazista aos judeus e também de outras perseguições étnicas que ocorrem no mundo contemporâneo. Depois, promovam um debate em torno da ideia de como esse tipo de perseguição ainda está presente no mundo.

O X DA QUESTÃO

Os judeus discutem frequentemente entre si sobre a maior ou menor rigidez na interpretação das tradições de sua religião. Como já vimos, os mais estritamente fiéis aos costumes antigos são os ortodoxos. Os mais tolerantes às influências de fora são os liberais.

Uma questão muito discutida é o papel da mulher. No judaísmo ortodoxo, as mulheres não podem estudar o Talmud, devem ficar em lugares separados dos homens na sinagoga e seguem estritas leis de pureza. Durante alguns dias do mês, as mulheres casadas não podem ser tocadas pelo marido, pois enquanto estiverem no período menstrual são consideradas impuras. Já entre os judeus liberais, as mulheres também estudam as leis judaicas, sentam-se junto dos homens na sinagoga e as leis de pureza e impureza não são tão rígidas.

Sob a orientação do professor, debata o assunto com seus colegas e, depois, responda:

As religiões devem se adaptar aos novos tempos ou permanecer imutáveis? Justifique sua opinião.

FALANDO DE PSICOLOGIA

Um pensador judeu

Entre as inúmeras personalidades que nasceram no seio do judaísmo e se destacaram na ciência, na arte e na filosofia, Erich Fromm (1900-1980) é considerado um dos grandes psicólogos do século XX, com uma contribuição importante para o estudo da mente humana. Nascido na Alemanha, saiu de lá por causa do nazismo e radicou-se nos Estados Unidos. Foi um humanista. Valorizava o ser humano, suas potencialidades e sua capacidade de amar, criar, ser bom e feliz.

Um dos temas mais discutidos por Erich Fromm foi o amor. Pode parecer um assunto batido, pois muito já se escreveu sobre ele em toda a história humana. Mas Fromm fala desse sentimento de forma bela e original. Sua ideia é que todo ser humano pode e deve

O psicólogo Erich Fromm, em 1968.

William N. Jacobellis/New York Post Archives / (c) NYP Holdings, Inc./Getty Images desenvolver-se por inteiro, como indivíduo livre e responsável. E a única maneira de fazermos aflorar nossas melhores potencialidades é amando o outro.

Fromm alerta para o fato de que em geral pensamos que amar alguém é "estar apaixonado". Para ele, amar é algo mais profundo e compromissado do que o "amor romântico". Afirma o psicólogo:

[...] o amor amadurecido é união sob a condição de preservar a integridade própria, a própria individualidade. O amor é uma força ativa no homem; uma força que irrompe pelas paredes que separam o homem de seus semelhantes, que o une aos outros; o amor leva-o a superar o sentimento de isolamento e de separação, permitindo-lhe, porém, ser ele mesmo, reter sua integridade. No amor, ocorre o paradoxo de que dois seres sejam um e, contudo, permaneçam dois. [...] O amor é uma atividade e não um afeto passivo; é um "erguimento" e não uma "queda". De modo mais geral, o caráter ativo do amor pode ser descrito afirmando-se que o amor, antes de tudo, consiste em dar, e não em receber. [...]

Além do elemento de dar, o caráter ativo do amor torna-se evidente no fato de implicar sempre certos elementos básicos, comuns a todas as formas de amor. São eles: cuidado, responsabilidade, respeito e conhecimento.

FROMM, Erich. *A arte de amar*. Belo Horizonte: Itatiaia, [s.d.]. p. 43-44; 49.

AGORA É COM VOCÊ

Tendo por base o que diz Erich Fromm, descreva o que é o amor para você. O amor de fato precisa ter essas características apontadas por Fromm ou precisa ter outras? Justifique a sua resposta.

SESSÃO DE CINEMA

Yentl

Direção de Barbra Streisand. MGM, 1983.

Musical em que uma jovem judia polonesa do século XIX se veste de homem para poder frequentar uma escola para a qual só rapazes podiam entrar.

Procure assistir ao filme indicado pensando nesta questão:

Há outras religiões em que as mulheres não podem fazer tudo o que os homens fazem? O que você pensa a respeito?

Reprodução/Barbra Streisand/MGM

DE OLHO NO MUNDO

O que é um *kibutz*?

Bettmann Archive/Getty Images

Judeus cantam na Jordânia, em um assentamento, enquanto hasteiam a bandeira de Israel, em 1977.

Na primeira década do século XX, judeus chegaram à Palestina para assumir o território, o que causou e ainda causa inúmeros conflitos na região. O Estado de Israel se formou com a ajuda da ONU, em 1948, após a Segunda Guerra Mundial, durante a qual morreram 6 milhões de judeus, massacrados na Alemanha nazista.

No Estado de Israel, o povo israelense quis estabelecer uma sociedade diferente, para formar um novo país. Aproveitaram a experiência que já vinha sendo desenvolvida pelos pioneiros com o movimento pela formação dos *kibutzim* (plural de *kibutz*).

Trata-se de pequenas comunidades rurais que funcionam com democracia direta (tudo é decidido em assembleias), com posses comuns de toda a comunidade (não há dono da terra, nem patrão nem empregado, nem ricos nem pobres – a terra é de todos). A cooperação entre os membros da comunidade é o valor principal.

Nas primeiras décadas, as crianças conviviam entre si, morando em casas especiais somente para elas. Agora, nos *kibutzim* atuais, elas moram com os pais, mas suas principais atividades são realizadas em locais apropriados para a sua idade.

Segundo dados da *American-Israeli Cooperative Enterprise*, existem hoje cerca de 270 *kibutzim* e o número está diminuindo rapidamente. A causa seria a crítica de alguns de que as pessoas perdem sua individualidade nessas comunidades – por isso muitos jovens saem em busca de outras vivências.

ChameleonsEye/Shutterstock

Momento de lazer em um *kibutz*, em 2011.

FALANDO DE ARTE SACRA

Arte judaica

No judaísmo, a reprodução da Torá é uma forma de arte sagrada. O escriba, que tem essa função, deve copiar os livros à mão, em pergaminhos especiais. Antes de se dedicar a essa tarefa, deve tomar um banho de purificação, chamado *micvê*. Ao longo da história, as escrituras foram feitas com ricas ilustrações, conhecidas como iluminuras, também presentes na arte cristã.

Iluminuras: ilustrações ou ornamentos que combinam letras iniciais, flores, folhagens, figuras, cenas, molduras e ramagens, pintados em cores vivas ou em ouro e prata, que nos manuscritos antigos ocupam parte do espaço reservado ao texto. Feitas à mão, eram utilizadas em livros da Idade Média.

Reprodução/Museu de Israel, Jerusalem

Cortina da Arca da Torá (*parochet*), feita em Mannheim, Alemanha, 1729 (veludo, bordados em fio de seda e apliques em relevo).

Album/Fotoarena/Coleção particular

Página do livro *Haggadah*, do século XIV.

SESSÃO DE LEITURA

Judaísmo, dispersão e unidade

Moacyr Scliar. São Paulo: Ática, 2001.

Editora Ática/Arquivo da editora

Nessa obra o autor dá uma visão geral e resumida de toda a história do judaísmo, desde os tempos de Abraão até a atualidade.

Após a leitura do livro reflita:

Há algum outro aspecto do judaísmo do qual você gostaria de saber mais? Por que esse aspecto chama sua atenção?

Iluminura italiana representando um julgamento, presente em um manuscrito da Mishné Torá do século XV. No centro, em hebraico e letras douradas, está escrito *Shoftim* (Juízes).

E PARA TERMINAR

Maimônides escreveu um resumo das crenças judaicas. Aqui estão os três primeiros itens:

Eu acredito plenamente que o Criador, que o Seu nome seja bendito, é o Criador e Guia de todos os seres, que Ele e apenas Ele, criou, cria e criará todas as coisas.

Eu acredito plenamente que o Criador, que o Seu nome seja bendito, é um e único e que não existe nada mais único do que Ele; que apenas Ele é nosso Deus, era, é e será.

Eu acredito plenamente que o Criador, que o Seu nome seja bendito, é etéreo; que Ele não tem nenhuma propriedade antropomórfica; que nada é parecido com Ele. [...]

MAIMÔNIDES. *Mishné Torá*: o livro da sabedoria. Rio de Janeiro: Imago, 2000. p. 301.

1) Pesquise o que é um "deus antropomórfico" e exponha aqui as conclusões de sua pesquisa.

2) Se você não for adepto do judaísmo, em que aspecto a sua fé concorda com essas declarações de Maimônides ou discorda delas? Se você for judeu, com que argumentos defenderia esses princípios?

3) Faça um desenho ou quadro (pode usar pastel, tinta a óleo, guache, etc.) para ilustrar alguma história ou ensinamento marcante deste capítulo.

Duas coisas eu te pedi,
não as recuses a mim, antes que eu morra:
afasta de mim falsidade e mentira,
não me dês nem pobreza nem riqueza.
Concede-me apenas minha porção de comida;
pois, na fartura, eu poderia te renegar,
dizendo: "Quem é o Senhor?";
ou, na miséria, eu poderia roubar,
profanando o nome de meu Deus.

Provérbios 30,7-9.

Bíblia: tradução ecumênica. São Paulo: Edições Loyola, 1994. p. 1281.

Album/Fotoarena/Biblioteca Estadual e Universitária da Baixa Saxônia, Göttingen, Alemanha

Bíblia impressa por Johannes Gutenberg, em 1455. Atualmente no acervo da Biblioteca Estadual e Universitária da Baixa Saxônia, Göttingen, Alemanha.

6

Um livro para muitas tradições

O livro mais lido do mundo

A Bíblia – que contém o Antigo Testamento, aceito pelos judeus, e o Novo Testamento, fundamento da fé dos cristãos – é o livro mais publicado, mais vendido e mais lido de todos os tempos. Quando, no século XV, o alemão Johannes Gutenberg (1398-1468) inventou a imprensa, a primeira obra que imprimiu foi a Bíblia, em 1455.

Imprensa: na época de Gutenberg, a invenção da imprensa representou uma revolução, pois possibilitou a difusão da leitura (sobretudo da Bíblia) para um número consideravelmente maior de pessoas. Esse fato abalou as estruturas da Igreja católica, que, dessa forma, perdeu o monopólio da palavra de Deus. Atualmente a palavra *imprensa* significa tanto o conjunto de publicações jornalísticas como qualquer meio de comunicação de massa.

Universal History Archive/UIG/REX/Shutterstock

Gutenberg imprimindo a primeira página da Bíblia, parte do mural *Evolução do livro*, de John W. Alexander (1856-1915), presente na Biblioteca do Congresso, em Washington, D.C., EUA.

Grupo de estudos da Bíblia em 2015, nos Estados Unidos.

iStockphoto/Getty Images

Bíblia, em grego, quer dizer "livros", pois a Bíblia é a reunião de muitos livros, ricos, variados, escritos em diversas épocas, por diferentes pessoas. Entre os que acreditam nos seus ensinamentos, há os mais radicais, que dizem que tudo o que está nela é palavra de Deus e não pode ser discutido nem analisado. Deve-se acreditar sem questionar. Há os que aceitam que a inspiração vem de Deus, mas as palavras são dos homens, e que por isso a Bíblia deve ser interpretada, e não tomada ao pé da letra. E há ainda os que acham que a Bíblia é um livro histórico, escrito e idealizado por seres humanos, sem intervenção divina.

Seja como for, trata-se de uma obra que influenciou diferentes culturas ocidentais e orientais e que continua sendo estudada, lida e aceita por milhões de pessoas no mundo inteiro.

Jesus em cena

Mural das Catacumbas de Priscilla, em Roma, representando Jesus como o bom pastor, século III.

Como vimos, no Antigo Testamento há a figura predominante de Yaveh e conta-se a história do povo hebreu, com suas peripécias, seus profetas, suas leis, suas guerras e seus períodos de sofrimento e glória. Já no Novo Testamento a figura central é Jesus, com sua mensagem de amor e fraternidade. Todos os que escreveram o Novo Testamento tinham aceitado Jesus como Messias, como Filho de Deus. No Velho Testamento há várias profecias sobre a vinda de um Messias, enviado por Deus ao povo de Israel. Cristãos são aqueles que aceitam que em Jesus se cumpriu essa profecia. Os judeus, ao contrário, esperam até a hoje o Messias, pois não aceitam que Jesus seja o anunciado.

O Novo Testamento foi escrito inteiramente em grego e as cópias mais antigas que chegaram a nós datam do século II. Não possuímos nenhum original dele e as cópias apresentam diferenças entre si. Esse é um fato que dá razão àqueles que não acham que a Bíblia deve ser tomada ao pé da letra.

Página de um dos mais antigos manuscritos do Novo Testamento, chamado de Codex Vaticanus. Nesta página temos o fim da Segunda Carta aos Tessalonicenses e o início da Carta aos Hebreus, escritas em grego antigo.

Album/Fotoarena/Catedral de São Vito, Praga, República Tcheca

Os quatro evangelistas, capa do Codex Vyssegradensis. Iluminura tcheca do século XI.

O Novo Testamento é estruturado da seguinte maneira:

- Os **quatro evangelhos**, escritos por Mateus, Marcos, Lucas e João. Neles contam-se a vida de Jesus, seus ensinamentos, sua morte e ressurreição. Hoje sabe-se que quando os evangelhos foram escritos, já fazia pelo menos quarenta anos que Jesus tinha morrido e provavelmente não foram os discípulos diretos de Jesus que os escreveram, mas pessoas que talvez ouviram deles as narrativas orais da vida do mestre.
- Os **Atos dos Apóstolos**, que, segundo a tradição, foram escritos por Lucas. Narram a vida dos primeiros discípulos logo após a morte de Jesus e depois enfocam a vida de Paulo de Tarso, de quem Lucas foi amigo e companheiro.

Reprodução/Museu de Belas-Artes de Houston, EUA

São Paulo escrevendo suas cartas, de autor francês desconhecido, século XVII.

- As **21 epístolas (cartas)**, 14 escritas por Paulo de Tarso, uma por Tiago, duas por Pedro, três por João e uma por Judas (não o Judas Iscariotes, que traiu Jesus, mas Judas Tadeu). Nas epístolas, os primeiros apóstolos dão conselhos de como aplicar melhor os ensinamentos de Jesus, interpretando suas palavras e pregando a fé cristã. As primeiras epístolas de Paulo são os escritos mais antigos do Novo Testamento. São anteriores aos evangelhos.

- O **Apocalipse**, que foi escrito provavelmente por um discípulo de João (autor de um dos evangelhos) no fim do século I. Para alguns, é um livro profético que fala, de maneira simbólica, sobre o futuro da humanidade. Para outros, é um livro escrito em códigos, por causa da perseguição aos cristãos, e que trata dos acontecimentos da época.

Os quatro cavaleiros do Apocalipse, tela de Viktor M. Vasnetsov (1848-1926). Museu Estatal de História da Religião, São Petersburgo, Rússia.

Album/Fotoarena/Museu Estadual de História da Religião, São Petersburgo, Rússia

BEBENDO NA FONTE CRISTÃ

A última ceia, a morte e a ressurreição de Jesus

O quarto evangelho, de João, destaca-se por sua beleza e poesia. Os três primeiros evangelhos, chamados de sinóticos, são semelhantes entre si. O de João usa símbolos mais poéticos e fala de Jesus de forma ainda mais original do que os outros. João coloca-se na narrativa como "o discípulo que Jesus amava".

Sinóticos: são assim chamados os evangelhos de Mateus, Marcos e Lucas, que são muito semelhantes em suas narrativas, em oposição ao evangelho de João.

Para todos os cristãos, as últimas palavras de Jesus na quinta-feira santa, sua crucificação e ressurreição têm um grande significado, que é lembrado e celebrado na festa da Páscoa. Enquanto para os judeus a Páscoa é a comemoração da libertação do povo hebreu da escravidão do Egito, para os cristãos é o memorial da morte e ressurreição de Jesus Cristo. Na quinta-feira, antes de sua morte, Jesus se reuniu com seus discípulos e anunciou-lhes que iria morrer, mas voltaria para se manifestar. Entre as belas palavras de Cristo na última ceia estão estas:

Meus filhinhos, eu só estou convosco por pouco tempo. Vós me procurareis, e como eu disse aos judeus: "Para onde eu vou, vós não podeis vir", agora também a vós o digo.

Um mandamento novo eu vos dou: amai-vos uns aos outros. Como eu vos amei, vós também amai-vos uns aos outros. Nisto todos reconhecerão que sois meus discípulos: no amor que tiverdes uns para com os outros.

João 13,33-35. *Bíblia:* tradução ecumênica. São Paulo: Edições Loyola, 1994. p. 2075.

Ninguém tem maior amor do que aquele que se despoja da vida por aqueles a quem ama. Vós sois meus amigos se fizerdes o que eu vos mando. Já não vos chamo servos, porque o servo permanece na ignorância do que faz o seu senhor; chamo-vos amigos, porque tudo o que ouvi junto de meu Pai vo-lo fiz conhecer.

João 15,13-15. *Bíblia:* tradução ecumênica. São Paulo: Edições Loyola, 1994. p. 2079.

Pietro Baguzzi/Album/Fotoarena/Santa Maria delle Grazie, Milão, Itália

A última ceia. Afresco de Leonardo da Vinci (1452-1519) no refeitório do mosteiro Santa Maria delle Grazie, Milão, Itália.

Depois de orar pelos que ficariam no mundo, Jesus encerrou a ceia e saiu:

Tendo assim falado, Jesus foi, com os seus discípulos, para o outro lado da torrente do Cedron; havia lá um jardim, onde entrou com seus discípulos. Ora, Judas, que o entregara, conhecia o lugar, pois Jesus muitas vezes se reunira ali com os seus discípulos. Ele se pôs à frente da milícia e dos guardas fornecidos pelos sumos sacerdotes e os fariseus, e dirigiu-se ao jardim com tochas, lâmpadas e armas. Sabendo Jesus tudo o que lhe ia acontecer, adiantou-se e lhes disse: "Quem procurais?". Eles lhe responderam: "Jesus, o Nazoreu". Ele lhes disse: "Sou eu". [...] A milícia com o seu comando e os guardas fornecidos pelos judeus prenderam, pois, Jesus e o amarraram.

João 18,1-5; 12. *Bíblia*: tradução ecumênica. São Paulo: Edições Loyola, 1994. p. 2084-2085.

Andrea Lenolo/Album/Fotoarena/Holy Mary Perybleptos, Ohrid, Macedônia

Passagem bíblica em que Judas beija Jesus para entregá-lo aos soldados. Detalhe de afresco bizantino na igreja da cidade de Ohrid, na Macedônia.

Jesus foi levado a Caifás, o sumo sacerdote dos judeus, e este o mandou a Pôncio Pilatos, autoridade romana que governava Israel. Depois de julgado, apesar de Pilatos não ter achado nele culpa alguma, foi chicoteado, puseram-lhe uma coroa de espinhos na fronte e foi condenado a morrer crucificado.

[...] Eles se apoderaram, então, de Jesus. Carregando ele mesmo a sua cruz, Jesus saiu e foi para o lugar dito do Crânio, que em hebraico se chama Gólgota.

Foi lá que eles o crucificaram juntamente com dois outros, um de cada lado e Jesus no meio.

João 19,16-18. *Bíblia:* tradução ecumênica. São Paulo: Edições Loyola, 1994. p. 2088.

Erich Lessing/Album/Fotoarena/Mosteiro de São Florian, Áustria

A crucificação, painel de Albrecht Altdorfer, concluído em 1518, no mosteiro de São Floriano, na Áustria.

Jesus aparece para Maria Madalena depois da ressurreição. Óleo sobre tela de Alexander A. Ivanov, de 1835, acervo do Museu Estatal Russo de São Petersburgo, Rússia.

No terceiro dia, Maria de Magdala (conhecida como Maria Madalena) foi até o túmulo de Jesus e o encontrou vazio:

Maria ficara fora, perto do túmulo, e chorava. Chorando, ela se inclinou para o túmulo e viu dois anjos vestidos de branco, sentados no mesmo lugar onde o corpo de Jesus fora depositado, um à cabeceira e outro aos pés.

"Mulher", disseram-lhe, "por que choras?". Ela lhes respondeu: "Tiraram o meu Senhor e eu não sei onde o puseram". Enquanto falava, ela se voltou e viu Jesus, que estava ali, mas não sabia que era ele. Jesus lhe disse: "Mulher, por que choras? Quem procuras?". Mas ela, pensando que se tratava do jardineiro, disse-lhe: "Senhor, se foste tu que o tiraste, dize-me onde o puseste, e eu o levarei". Jesus lhe disse: "Mariâm". Ela se voltou e lhe disse em hebraico: "Rabuni", o que significa mestre. Jesus lhe disse: "Não me retenhas! Pois eu ainda não subi para o meu Pai. Mas tu, vai ter com os meus irmãos e dize-lhes que eu subo para o meu Pai, que é vosso Pai, para o meu Deus, que é o vosso Deus".

Maria de Magdala veio, pois, anunciar aos discípulos: "Eu vi o Senhor, e eis o que ele me disse".

João 20,11-18. *Bíblia:* tradução ecumênica. São Paulo: Edições Loyola, 1994. p. 2090-2091.

AGORA É COM VOCÊ

Jesus destaca aos amigos, nas suas últimas palavras, o seu mandamento de amor e diz que não haveria maior prova de amor do que dar a vida pelos amigos. Foi isso o que ele fez, morrendo na cruz por nós, como acreditam os cristãos. O que significa para você esse gesto de Jesus, sua morte e depois sua ressurreição?

Existem outros evangelhos?

Os quatro evangelhos presentes na Bíblia não foram os únicos escritos sobre Jesus. Houve dezenas de outros evangelhos, redigidos nos primeiros três séculos de cristianismo, que não foram aceitos como verdadeiros pela Igreja católica. Foram chamados de evangelhos apócrifos – inicialmente "escondidos" e depois "falsos" evangelhos. Havia, por exemplo, o de Tomé, o de Felipe, o de Maria Madalena, o de Pedro e muitos outros.

Esses outros evangelhos representavam visões sobre a vida e a mensagem de Jesus diferentes da visão oficial que foi se estabelecendo na Igreja. Faziam parte de um cristianismo alternativo, que a Igreja chamou de heresias. Esses manuscritos foram suprimidos e, durante muitos séculos, poucos tinham conhecimento de sua existência. No século XX, porém, foram redescobertos e começaram a ser publicados.

De fato, hoje se sabe que os evangelhos apócrifos foram escritos depois dos quatro evangelhos tidos como canônicos e incorporados à Bíblia. A visão ortodoxa considera que os textos procedem de textos escritos por Mateus, Marcos, Lucas e João. Os outros foram escritos muito tempo depois que Tomé e Maria Madalena haviam morrido.

Heresias: ideias ou doutrinas que não seguem a doutrina oficial de uma Igreja.

Canônicos: textos considerados realmente escritos por pessoas que tiveram contato com Jesus ou seus discípulos e que teriam inspiração divina.

Alamy/Fotoarena

Manuscrito do evangelho apócrifo de Tomé, descoberto em 1945 em Nag Hammadi, Egito.

Cristo no Ocidente e no Oriente

Concílios ecumênicos: reuniões das autoridades da Igreja católica (atualmente bispos, cardeais e papa) para decidir questões relativas à fé e à conduta.

Igreja ortodoxa: também chamada Igreja do Oriente, originada do cisma da Igreja católica, em 1054.

Cismas: separações do corpo e da comunhão de uma religião por divergências de opiniões em relação a assuntos importantes em matéria de fé.

No princípio, a Igreja era organizada em patriarcados. Os principais eram o de Jerusalém (a primeira comunidade cristã fundada), o de Antioquia (segunda comunidade) e os de Alexandria, Constantinopla e Roma. Os concílios ecumênicos eram feitos com a reunião dos patriarcas.

Na história contada pela Igreja católica, havia a predominância de Roma sobre os demais patriarcados pelo fato de Pedro ter-se tornado o primeiro bispo de Roma, o sucessor direto de Jesus. A Igreja ortodoxa, porém, alega que havia igualdade de condições. Para ela, o bispo de Roma não tinha mais importância do que os outros. Só muito mais tarde foi criada a figura do papa.

O predomínio de Roma, no entanto, acabou por provocar a quebra da unidade entre os cristãos. Houve vários cismas por questões de doutrina e até o chamado Grande Cisma do Oriente (1054), que separou definitivamente a Igreja ortodoxa da Igreja romana.

Hoje existe um grande esforço de diálogo e união entre os líderes das duas Igrejas. Na fé, elas diferem muito pouco. A maior diferença está nos usos, ritos e tradições.

Bettmann Archive/Getty Images

O patriarca Athenágoras I e o papa Paulo VI no primeiro encontro entre os líderes das Igrejas ortodoxa e católica desde o Grande Cisma, no Monte das Oliveiras, Jerusalém, em 1964.

Gregorio Borgia/Agência France-Presse

O papa Francisco e o patriarca ortodoxo Kirill assinam acordo conjunto em favor da união das duas Igrejas, em 2016, em Cuba.

O X DA QUESTÃO

1) Desde o princípio até hoje, sempre houve divisões entre os cristãos. Na sua opinião, por que isso acontece?

2) Você acha que diferentes visões são necessárias ou deveria haver uma unidade?

AGORA É COM VOCÊ

Um dos grandes motivos da divisão entre os cristãos é a figura do papa. Os católicos acreditam que o papa é o sucessor de Pedro, que foi instituído como líder supremo da Igreja. Para eles, todos os católicos lhe devem obediência.

Em 1870, a Igreja católica proclamou o dogma da "infalibilidade papal", segundo o qual, quando se pronuncia em matéria de fé e atendendo a uma série de exigências, o papa não erra, porque é representante de Deus na Terra e está inspirado pelo Espírito Santo. Já outros cristãos, como os protestantes e os ortodoxos, não aceitam essa ideia, dizendo que o papa é um ser humano como os outros e que Jesus não deixou um sucessor para representá-lo. Eles afirmam que o poder do papa surgiu historicamente, quando Roma se tornou o centro da fé cristã, herdando o poderio do Império Romano. Além disso, esses cristãos proclamam que durante muitos séculos a Igreja católica teve papas que apresentaram comportamentos nada cristãos, promovendo guerras, perseguições, assassinatos e vendendo os bens espirituais.

Sob a orientação do professor, debata o assunto com seus colegas e, depois, responda:

O que o papa representa para você? Você acredita que ele é o representante de Cristo na Terra? Por quê?

FALANDO DE HISTÓRIA

A religiosidade russa

Erich Lessing/Album/Fotoarena

Coroação do czar Nicolau II e da czarina Alexandra, em Moscou. Os monarcas foram executados na Revolução Russa. Posteriormente Nicolau foi considerado santo pela Igreja ortodoxa russa. Obra de Henri Gervex (1852-1929).

Entre as Igrejas ortodoxas do Oriente, uma das que mais se destacaram nos últimos séculos foi a Igreja ortodoxa russa. As outras (a grega, a síria, a antioquense, etc.) estiveram sob o domínio dos muçulmanos e perderam um pouco de sua autonomia. A cultura russa foi, durante muitos séculos, impregnada pelo cristianismo ortodoxo. Em 1917, porém, houve a Revolução Russa, que acabou com o Estado monárquico, ou seja, Estado governado por um rei, e estabeleceu o regime comunista, cuja ideologia era eminentemente materialista.

Durante setenta anos os russos foram proibidos de ter religião, pois a doutrina oficial do Estado, ensinada nas escolas e obrigatória nos meios de comunicação, era o materialismo, contrário a qualquer religiosidade. O povo russo foi doutrinado durante todos esses anos para acreditar que religião era algo negativo, alienante e contrário aos interesses do povo. No entanto, assim que o regime comunista começou a se fragilizar, a intensa religiosidade russa voltou a se manifestar. Hoje, cerca de 80% dos russos se declaram ortodoxos e o patriarca Kirill exerce grande influência na política russa.

Materialismo: doutrina filosófica segundo a qual a realidade está na matéria, na realidade concreta. Para os materialistas, não existe alma, Deus ou qualquer coisa que não seja material.

O caso é que, na revolução, houve uma reação muito forte contra a Igreja ortodoxa e a estrutura do Estado monárquico russo. De fato, havia um reinado muito autoritário dos czares, com a absoluta miséria do povo, que vivia na servidão. E a Igreja ortodoxa, como religião oficial do Estado, era cúmplice dessa situação.

Quando o Estado é muito ligado à Igreja, e vice-versa, surgem distúrbios graves. É que a religião, muitas vezes, se contamina pela corrupção do poder e, ao mesmo tempo, o poder acaba controlando a religião. É de se esperar que o povo russo possa praticar livremente a sua profunda e antiga devoção, mas sem que o Estado seja novamente comandado por religiosos.

Sovfoto/UIG/Getty Images

Civis cumprimentando o exército russo em 1939.

AGORA É COM VOCÊ

Na Rússia czarista, a religião ortodoxa era aliada do Estado. No Brasil, também tivemos essa ligação. A primeira Constituição brasileira, outorgada por D. Pedro I, em 1824, proclamava:

> *Art. 5. A religião Católica Apostólica Romana continuará a ser a religião do Império. Todas as outras religiões serão permitidas, com seu culto doméstico, ou particular, em casas para isso destinadas, sem forma alguma exterior do Templo.*

CONSTITUIÇÃO Política do Império do Brasil. Disponível em: <www.planalto.gov.br/ccivil_03/constituicao/constituicao24.htm> Acesso em: 27 abr. 2018.

Hoje não vivemos mais de acordo com essa lei. Consulte a atual Constituição brasileira (1988) (inciso VI, art. 5º) e compare as duas leis. O que você pensa sobre essa mudança? Justifique.

FALANDO DE ARTE SACRA

Arte ortodoxa

A arte cristã tem 2 mil anos de história e já produziu obras-primas da poesia, da música, da pintura e da arquitetura. Entre as mais belas obras sacras cristãs estão os ícones da Igreja ortodoxa grega e da Igreja ortodoxa russa. Contemple alguns exemplos nesta seção.

Album/Fotoarena/Museu Histórico do Estado, Moscou, Rússia

Pintura russa representando Feodorovskaya (Mãe de Deus). Obra de Yakov Vasilyev, século XVIII.

Reprodução/Museu Russo, São Petersburgo, Rússia

São Cirilo de Belozersk, com cenas de sua vida, Rússia. Ícone russo do século XVI.

AGORA É COM VOCÊ

Sob a orientação do professor, forme um grupo com seus colegas, escolham e leiam uma passagem dos evangelhos. Depois, criem um ícone que retrate essa passagem.

Reprodução/Joel Zwick/Europa Filmes

SESSÃO DE CINEMA

Casamento grego

Direção de Joel Zwick. Europa Filmes, 2002.

Uma moça grega se apaixona por um rapaz estadunidense, mas ele tem de se converter à Igreja ortodoxa grega para poder se casar com ela.

Procure assistir ao filme indicado pensando nesta questão:

Você acha certo converter-se a uma religião para poder se casar com quem se ama?

E PARA TERMINAR

Leia o conto do dinamarquês Hans Christian Andersen (1805-1875) e responda às questões.

A.Degli Orti/ DEA/Album/Fotoarena/Museu Hans Christian Andersen, Odense, Dinamarca

Hans Christian Andersen, em pintura de Frederick L. Storch, aos 47 anos.

A menina dos fósforos

Estava muito frio, a neve caía e já estava começando a escurecer. Era a noite do último dia do ano. Uma menina descalça e sem agasalho andava pelas ruas, no frio e no escuro. Quando atravessou correndo para fugir dos carros, a menina perdeu os chinelos que tinham sido da mãe e eram grandes demais. Um ela não achou mais e um garoto levou o outro, dizendo que ia usar como berço quando tivesse um filho.

A menina já estava com os pés roxos de frio. Tinha um pacotinho de fósforos na mão e outro no bolso do avental velho. Naquele dia não tinha conseguido vender nada e estava sem um tostão. Com frio e com fome, ela andava pelas ruas morrendo de medo. A neve caía no cabelo cacheado, mas ela não podia pensar nem no cabelo nem no frio. As casas estavam iluminadas e havia por toda parte um cheirinho gostoso de assado de Ano-Novo. Era nisso que ela pensava.

Num cantinho entre duas casas, ela se encolheu toda, mas continuava sentindo muito frio. Voltar para casa, nem pensar: sem dinheiro, sem ter vendido nada, era certo o castigo do pai. Além do mais, a casa deles também era muito fria, sem forro e com o telhado cheio de furos e emendas, por onde o vento entrava assobiando.

Com as mãos geladas, pensou em acender um fósforo. Conseguiu. A chama pequenininha parecia uma vela na concha da mão. A menina se imaginou diante de uma lareira enorme, com o fogo esquentando tudo e ela também. Mas logo a chama apagou e a lareira sumiu. Ela só ficou com um fósforo queimado na mão.

Acendeu outro que, brilhando, fez a parede ficar transparente. Ela viu a casa por dentro: a mesa posta, a toalha branca, a louça linda. O assado, o recheio, as frutas. Não é que o assado, com garfo e faca espetados, pulou do prato e veio até onde ela estava? Mas o fósforo apagou e ela só viu a parede grossa e úmida.

Acendeu mais um fósforo e se viu junto de uma belíssima árvore de Natal. Maior do que uma que tinha visto antes. Velinhas e figuras coloridas enchiam os galhos verdes. A menina esticou o braço e... o fósforo apagou. Mas as velinhas começaram a subir, a subir e ela viu que eram estrelas. Uma virou estrela cadente e riscou o céu.

Ilustração do conto *A menina dos fósforos*, da escola inglesa, século XIX, autor desconhecido.

– Alguém deve ter morrido.

A avó – única pessoa que tinha gostado dela de verdade e que já tinha morrido – sempre dizia: "quando uma estrela cai, é sinal de que uma alma subiu para o céu".

A menina riscou mais um fósforo e, no meio do clarão, viu a avó tão boa e tão carinhosa, contente como nunca.

– Vovó, me leva embora! Sei que você não vai mais estar aqui quando o fósforo apagar. Você vai desaparecer como a lareira, o assado e a árvore de Natal.

E foi acendendo os outros fósforos para que a avó não sumisse. Foi tanta luz que parecia dia. E a avó ali, tão bonita, tão bonita. Pegou a menina no colo e voou com ela para onde não fazia frio e não havia fome nem dor. Foram para junto de Deus.

De manhãzinha, as pessoas viram no canto entre duas casas uma menina corada e sorrindo. Estava morta. Tinha morrido de frio na última noite do ano. Nas mãos, uma caixa inteira de fósforos queimados.

– Ela tentou se esquentar, coitadinha.

Ninguém podia adivinhar tudo o que ela tinha visto, o brilho, a avó, as alegrias de um novo ano.

ANDERSEN, Hans Christian. In: MACHADO, Luiz Raul. *O livro das virtudes*: uma antologia de William J. Bennett. Rio de Janeiro: Nova Fronteira, 1995. p. 88-89.

1) Embora esse texto seja uma obra de ficção, ele trabalha com alguns conceitos fundamentais da fé cristã: o céu e a recompensa celeste pelos sofrimentos passados na Terra. O que significa para você cada um desses conceitos? Justifique a sua definição.

2) Uma das maiores críticas do pensamento comunista que dominou a União Soviética durante setenta anos, em relação ao cristianismo, foi justamente a pregação de uma recompensa no céu em troca do sofrimento na Terra. Essa ideia levaria ao conformismo: como as pessoas esperavam recompensa apenas no céu? Não seria preciso reformar as coisas aqui na Terra? Na sua opinião, a ideia de vida após a morte leva necessariamente a um conformismo?

3) Sobre o mesmo tema, ouça e discuta em classe a canção "Procissão", de Gilberto Gil. Depois escreva as suas conclusões.

> A prece perfeita consiste em falar a Deus sem distração, recolhendo ao mesmo tempo todos os pensamentos e todos os sentidos. [...] Manter o vosso espírito presente diante de Deus e lhe falar. A prece se reconhece quando o ser humano se desapega de toda distração e o espírito se enche de alegria sob a iluminação do Senhor. O sinal de que o espírito atingiu esse estado é que ele não se perturba mais, mesmo se o mundo inteiro o viesse atacar.
>
> **Barsanulfo e João.**
>
> In: GOUILLARD, Jean (Org.). *Petite philocalie de la prière du cœur*. Paris: Éditions du Seuil, 1979. p. 74-75. Tradução dos autores.

Jorge Silva/Reuters/Fotoarena

Mulher haitiana em missa ao ar livre após o terremoto destruir a catedral de Porto Príncipe em 2010.

7
O que significa ser católico

Quem é católico de verdade?

Muita gente se diz católica, principalmente no Brasil. Mas nem todos os que se dizem seguidores dessa religião a conhecem a fundo e a praticam. São católicos por tradição. Não sabem direito em que acreditam ou o que devem fazer para serem fiéis à sua fé.

É muito importante conhecer a própria religião, estudá-la, praticá-la. É certo que aquele que não estiver satisfeito pode mudar para outra religião, mas antes deve conhecer bem a própria e as outras para fazer uma escolha consciente.

Católico é aquele que se considera membro da Igreja Católica Apostólica Romana e pratica seus preceitos, seguindo suas orientações.

A tradição da Igreja

A Igreja Católica Apostólica Romana é **católica** porque é universal (*katholikós*, em grego), **apostólica** porque vem da tradição dos primeiros apóstolos e **romana** porque sua sede fica em Roma, onde está o papa, líder espiritual da Igreja.

Segundo os católicos, seu credo e suas práticas são os que se originam verdadeiramente dos discípulos de Jesus. Por isso a doutrina e os rituais católicos são fundamentados na Bíblia, mas igualmente na tradição, isto é, nas ideias e práticas que foram se desenvolvendo ao longo da História, referendadas sobretudo pelos chamados "pais e mães da Igreja", pelos concílios e pelos papas.

Pais e mães da Igreja: homens e mulheres que, por meio da doutrina, de seus escritos ou testemunho de vida, muitas vezes até o martírio, consolidaram a fé cristã nos primeiros séculos do cristianismo.

Album/Fotoarena/Basílica de São Martinho nas Montanhas, Roma, Itália

Afresco do século XVI, de autor desconhecido, representando o primeiro concílio ecumênico em Niceia no ano de 325.

BEBENDO NA FONTE CRISTÃ

O credo católico

O credo é uma profissão de fé ou ainda um símbolo de fé. Constitui os pontos essenciais de determinada crença. *Credo* significa "creio", em latim. O credo católico, que todos os membros da Igreja devem professar, é o seguinte:

Profissão de fé: declaração em que se afirma uma crença religiosa.

Remissão: perdão.

Creio em Deus, Pai todo-poderoso,
criador do céu e da terra.
E em Jesus Cristo, seu único Filho, Nosso Senhor,
que foi concebido pelo poder do Espírito Santo,
nasceu da Virgem Maria,
padeceu sob Pôncio Pilatos,
foi crucificado, morto e sepultado.
Desceu à mansão dos mortos,
ressuscitou ao terceiro dia,
subiu aos céus,
está sentado à direita de Deus Pai todo-poderoso,
donde há de vir a julgar os vivos e os mortos.
Creio no Espírito Santo,
na Santa Igreja católica,
na comunhão dos santos,
na remissão dos pecados,
na ressurreição da carne,
na vida eterna.
Amém.

Catecismo da Igreja Católica. 184. Disponível em: <www.vatican.va/archive/ccc/index_po.htm>. Acesso em: 21 abr. 2018.

Erich Lessing/Album/Fotoarena/Castelo de Belvoir, Grantham, Inglaterra

Jesus entregando as chaves a São Pedro. Tela do artista francês Nicolas Poussin (1594-1665).

O QUE VOCÊ ENTENDEU?

Esse credo é um resumo da fé católica. Escolha algumas das afirmações do credo e comente-as, mesmo que você não seja católico.

Os sete sacramentos

Ungir: untar, aplicar óleo sagrado.

Catecúmeno: aquele que está se preparando para ser batizado.

Óleo do batismo: a Igreja católica possui três óleos especiais, utilizados em seus sacramentos: do batismo, do crisma e dos enfermos. O óleo do batismo significa a libertação do mal e a força de Deus que penetra naquele que será batizado.

Pecado original: segundo a tradição judaico-cristã, o pecado da desobediência de Adão e Eva, transmitido a todos os seres humanos, que já nascem em estado de culpa.

Segundo a Igreja católica, o próprio Cristo instituiu sete sacramentos, que são meios pelos quais ele confere a sua graça aos fiéis. O sacramento é um sinal visível, palpável, da graça divina, que é invisível aos olhos do corpo. A graça é um dom gratuito de Deus aos seus filhos para que eles se salvem. Vamos conhecer cada um desses sacramentos.

- **Batismo:** ritual em que, após ungir o catecúmeno com o óleo do batismo, por meio da água, a pessoa entra para a comunhão da Igreja, renasce do pecado para a graça de ser cristão. Faz-se com os recém-nascidos, porque, segundo a doutrina católica, a criança já nasce marcada pelo pecado original, e o batismo é a primeira garantia de sua salvação. Mas pode ser feito com adultos que se convertam e nunca tenham sido batizados.
- **Confirmação:** também conhecido como **crisma**, é feito quando a pessoa já tem consciência plena e decide confirmar a sua adesão à Igreja e ao projeto do Reino de Deus iniciado por Jesus Cristo. Trata-se de um rito em que o ministro impõe as mãos sobre os fiéis, invocando sobre eles o Espírito Santo, como era feito pelos apóstolos, e os unge na testa com o óleo do crisma.
- **Eucaristia:** é considerado o sacramento dos sacramentos, a vivência mais importante para o católico. A eucaristia se dá na celebração da missa, em que se rememora a última ceia de Jesus com seus discípulos e se faz a consagração da hóstia e do vinho. No momento da consagração, os católicos acreditam que a hóstia se transforma no corpo de Cristo e o vinho, no seu sangue. Ao comungar, o fiel se une misticamente a Cristo e participa da sua graça.
- **Confissão:** também chamado de **penitência** ou **reconciliação**, é o sacramento pelo qual o fiel se reconcilia com Deus, obtendo o perdão dos seus pecados. Primeiro ele deve fazer um exame de consciência, lembrando todos os seus pecados graves, arrepender-se e, depois confessar-se a um padre, que, segundo a Igreja, recebeu de Jesus o poder de perdoar em nome de Deus; por fim, cumprir a penitência que lhe é dada, assumindo o propósito de não mais pecar.

Pascal Deloche/Godong/Leemage/Agência France-Presse

Hóstia e vinho consagrados em missa em 2016, na França.

Stefano Rellandini/Agência France-Presse

Papa Francisco se confessando na Basílica de São Pedro, Vaticano, 2018.

- **Unção dos enfermos:** conhecido antigamente como "extrema-unção", é o rito pelo qual o fiel deve passar quando se encontrar com alguma doença grave ou debilitado pela idade ou, ainda, antes de uma cirurgia em que corra risco de morte. Nele o sacerdote unge o doente com o óleo dos enfermos para que recobre as forças físicas e a disposição espiritual para continuar a enfrentar a enfermidade.
- **Ordem:** é o sacramento que institui o sacerdócio dos ministros que vão guiar a Igreja, administrar os sacramentos e ajudar os fiéis a encontrar o caminho da salvação. Na Igreja católica, apenas os homens podem ser ordenados padres, e estes batizam, celebram a eucaristia, assistem casamentos, etc. Mas, em caso de necessidade, se não houver um padre presente, qualquer cristão poderá batizar ou assistir um matrimônio.
- **Matrimônio:** na Igreja católica, a união entre um homem e uma mulher para a constituição de uma família é considerada tão importante e sagrada que é reconhecida como um sacramento, uma graça divina. Pois assim como Cristo amou seus discípulos, marido e mulher devem amar-se. Segundo a doutrina da Igreja, quando duas pessoas se unem, passam a ser um só – e não devem se separar nunca, pois é indissolúvel –, mantendo fidelidade, amor e cooperação mútua e gerando filhos para serem também cristãos.

Pauel Horosiewicz/Alamy/Fotoarena

Cerimônia de casamento em igreja na Polônia, 2015.

Zvonimir Atletic/Shutterstock

Ordenação sacerdotal em Zagreb, Croácia, 2018.

Óleo do crisma: o mais importante dos três, é utilizado para ungir a testa daqueles que são crismados. É confeccionado por meio da mistura do óleo de oliva com perfumes, significando a plenitude do Espírito Santo. É utilizado também para ungir as mãos dos sacerdotes e a cabeça dos bispos, quando são ordenados. Antigamente os reis também eram ungidos com ele na cabeça no dia de sua coroação.

Consagração da hóstia e do vinho: momento na missa católica em que o sacerdote, ao invocar o Espírito Santo, dizer as mesmas palavras ditas por Jesus Cristo na quinta-feira santa e erguer a hóstia (partícula circular de pão ázimo, ou seja, sem fermento) e o vinho para o alto, transforma-os no corpo e sangue de Jesus Cristo.

Comungar: receber a Eucaristia.

Óleo dos enfermos: significa a força de Deus para a pessoa enfrentar a doença e a dor ou o momento da morte, permanecendo firme na fé. Pode ser recebido em qualquer idade e quantas vezes forem necessárias ao longo da vida.

O papa Francisco e o casamento indissolúvel

O papa Francisco anunciou [...] reformas voltadas para simplificar a anulação de casamentos, o que poderia facilitar a vida de católicos que pretendem encerrar suas relações e iniciar um novo casamento dentro da Igreja católica.

A Igreja Católica não reconhece o divórcio, e prega que o casamento é para sempre.

[...] contudo, o papa informou ter nomeado uma comissão para propor a reforma nesses procedimentos, para "simplificá-los e racionalizá-los enquanto garante o princípio da indissolubilidade do casamento". [...] Até hoje, para anular seus casamentos, católicos precisavam provar que as uniões não haviam sido válidas desde o início, porque pré-requisitos como livre-arbítrio e disposição para ter filhos não estavam presentes.

Mudanças e ressalvas

A reforma radical proposta pelo papa permite acesso a procedimentos gratuitos e decisões rápidas, e extingue apelações automáticas.

O processo atual para obtenção do chamado "decreto de nulidade" do casamento já foi classificado como arcaico, caro e burocrático. Os casais precisam apresentar fatos da vida conjugal e da época de namoro, motivações para fazer o pedido e indicar testemunhas.

Católicos em busca da anulação do casamento até então também precisavam de aval de dois tribunais da Igreja. A reforma irá restringir esse processo a um tribunal, embora as apelações sejam mantidas.

O novo procedimento rápido permitirá que bispos concedam a anulação diretamente se os dois parceiros fizerem a requisição.

Pela natureza complicada do processo, casais normalmente pediam ajuda especializada, o que tornava a anulação custosa.

Andreas Solaro/Agência France-Presse

Papa Francisco recebendo recém-casados, no Vaticano, 2017.

Sem a anulação, católicos que se divorciam e casam fora da Igreja são considerados adúlteros e não podem, por exemplo, receber comunhão.

Especialistas afirmam, contudo, que ainda será necessário provar o "erro original" do casamento. Com isso, muitos casais que foram felizes e apenas avaliam que a relação chegou a um fim natural se sentirão desconfortáveis em confirmar as premissas do processo de anulação.

Em escritos sobre as mudanças, o papa Francisco afirmou que era injusto que casais fossem "oprimidos pela escuridão ou pela dúvida" sobre a possibilidade de anulação de suas uniões.

PAPA Francisco facilita e barateia anulação de casamento na Igreja. *BBC*. 8 set. 2015. Disponível em: <www.bbc.com/portuguese>. Acesso em: 21 abr. 2018.

O X DA QUESTÃO

1) Responda com suas palavras: o que é um sacramento dentro da Igreja católica?

2) A lei brasileira permite o divórcio quando um casal não quer mais viver junto, mas a Igreja católica considera o matrimônio um sacramento e uma união que não podem ser quebrados. Qual a sua opinião a respeito?

3) O que você pensa sobre a tentativa do papa Francisco de tornar esse processo de análise de cada caso menos burocrático na Igreja católica?

4) Caso você seja católico, já participou de algum dos sete sacramentos, ainda que apenas assistindo? O que sentiu? Se não for católico, já passou por algum momento importante em sua religião que possa descrever? E se não tiver nenhuma religião, passou por algum outro tipo de ritual? Qual?

AGORA É COM VOCÊ

Sob a orientação do professor, reúna-se com seus colegas em grupos por religião. Se houver na sala algum representante único de alguma corrente, ele pode realizar esta atividade sozinho ou aceitar a companhia de alguém de outra religião, como preferir. Discutam e escrevam um credo, com tudo em que se acredita em sua religião, e depois afixem-no na sala.

Xavier Galiana/Agência France-Presse

Ritual do casamento hindu, Índia, 2017.

FALANDO DE SOCIEDADE

A importância da família

Para os católicos, e também para muitos adeptos de outras religiões, como muçulmanos, judeus e hindus, a família representa uma das uniões mais vitais. É da família amorosa que provém a força necessária para que o indivíduo se faça pessoa de bem, seguro e consciente de seus direitos e deveres na sociedade.

No último século, porém, diversas críticas foram feitas à família. Muitos a consideram uma instituição autoritária e repressora do indivíduo. Alega-se que a família quer exercer controle sobre a pessoa, impedindo-a de realizar-se livremente e ser feliz.

Há dois fatores a serem analisados nessa questão. Por um lado, essa felicidade que as pessoas do mundo atual querem é muitas vezes um prazer egoísta. É fazer o que se quer sem ter de dar satisfações a ninguém. A vida em família envolve preocupação com o outro, responsabilidade, cuidado e, por vezes, ceder os próprios desejos em prol da convivência familiar e da boa harmonia entre todos. O homem e a mulher contemporâneos não aceitam bem isso, porque a sociedade de consumo prega uma ideia de prazer absoluto e imediato, sem compromisso nem preocupação com ninguém.

Família em missa celebrada pelo papa Francisco na Basílica de São Pedro, Vaticano, em 2017.

Vincenzo Pinto/Agência France-Presse

É verdade que a família às vezes é autoritária e não respeita as opiniões, os gostos e as vocações dos indivíduos. Houve época (e ainda há religiões nas quais isso acontece) em que os pais escolhiam com quem os filhos iam se casar ou que profissão deveriam seguir.

A melhor proposta é aprendermos a viver em uma família democrática, na qual todos possam se expressar livremente e ainda assim serem amados e respeitados. Mas, sobretudo, que todos se preocupem com todos, que haja união e alegria de estarem juntos e que a família possa ser o refúgio e o aconchego para o homem, a mulher, a criança, o idoso e o jovem.

É preciso revalorizar a família. Muito da insegurança, da depressão e da solidão que vemos no homem e na mulher contemporâneos vêm do esfacelamento dos laços familiares. Existem os lares desfeitos e as pessoas que moram sozinhas, mas, ainda que a família more junto, há casos em que cada um fica em um canto, ninguém sabe do outro. Muitas vezes pai, mãe, filhos e avós mal se veem e mal conversam. A desculpa é que a vida é corrida, que há muito trabalho e é preciso cuidar da sobrevivência. Mas de que adianta sobreviver sem amor? Trabalhar para usufruir sozinho? Ganhar dinheiro, viajar, consumir sem ter alguém para compartilhar?

Halfpoint/Shutterstock

Uma família, para ser feliz, não precisa ser homogênea, mas seus membros devem se amar e se respeitar, sempre ouvindo e procurando se ajudarem. Para os católicos o modelo perfeito de família é a formada por Jesus, Maria e José. Na foto vemos uma família na Eslováquia, em 2018.

AGORA É COM VOCÊ

Como está a sua família? Está bem ou passando por problemas? O que você proporia para resolvê-los? Você se sente feliz nela? O que você pode fazer para melhorá-la?

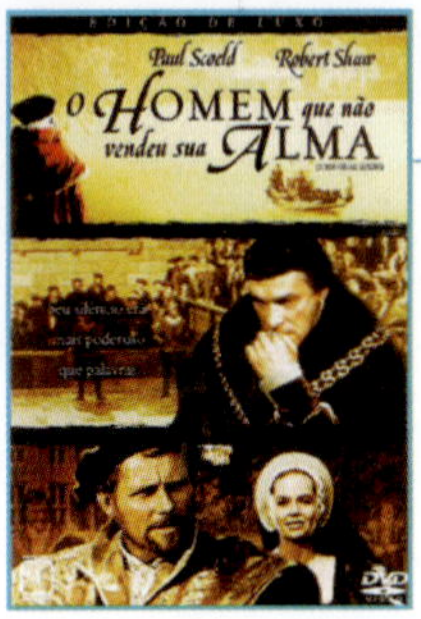

Reprodução/Fred Zinnemann/Columbia Pictures

SESSÃO DE CINEMA

O homem que não vendeu sua alma

Direção de Fred Zinnemann. Columbia Pictures, 1966.

Na Inglaterra do século XVI, o rei Henrique VIII decide se divorciar de Catarina de Aragão para se casar com Ana Bolena. Thomas Morus, católico e chanceler do rei, recusa-se a reconhecer a decisão. História de heroísmo e convicção.

Procure assistir ao filme indicado pensando nesta questão:

O que você acha da postura moral de Thomas Morus?

O X DA QUESTÃO

Uma das questões polêmicas hoje na Igreja católica é se os padres deveriam se casar. A maioria dos cardeais e bispos acha que deve ser mantida a tradição de celibato, ou seja, manter-se sem relacionar-se amorosamente, porque assim o padre pode dedicar-se melhor a Deus e à comunidade, vivendo de maneira mais disponível, em castidade, pobreza e obediência (que são os três votos feitos pelos religiosos católicos), além de ter sido a forma como Jesus escolheu viver durante sua passagem pela Terra.

Já quem é contrário a essa tradição alega que ela não estava no cristianismo inicial, pois Pedro, Felipe e alguns dos primeiros apóstolos eram casados, e que um sacerdote pai de família poderia compreender muito melhor os problemas da vida cotidiana e participar da graça do matrimônio e da geração de filhos.

Sob a orientação do professor, debata o assunto com seus colegas e, depois, responda: Na sua opinião, os padres deveriam se casar ou não? Justifique.

Jorge Silva/Reuters/Fotoarena

Mulher católica se confessa a um padre durante a visita do papa Francisco a Myanmar, em 2017.

FALANDO DE ARTE SACRA

Arte católica

A arte cristã que se desenvolveu sob a proteção da Igreja católica é riquíssima, variadíssima e abrange vários momentos da História. Sob a orientação do professor, pesquise e compare a arte das iluminuras e as pinturas renascentistas de grandes artistas, como Michelangelo, Rafael, Botticelli e outros, expostas no Vaticano e em outras igrejas italianas.

Album/Fotoarena/Museu de Arte de São Paulo, Brasil

Ressurreição de Cristo (1499), de Rafael Sanzio.

Album/Fotoarena/Capela Sistina, Vaticano

A tentação de Cristo (1480-1482), de Botticelli, acervo da Capela Sistina, Vaticano.

Lucas Schifres/Getty Images

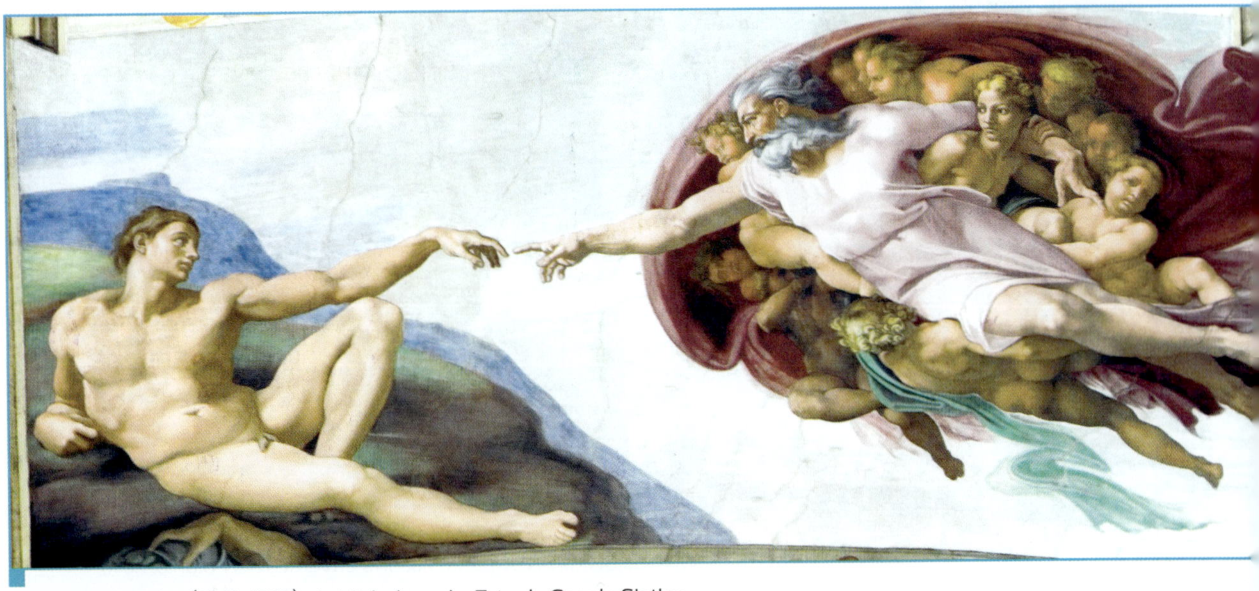

A criação de Adão (1511-1512), de Michelangelo. Teto da Capela Sistina.

DE OLHO NO MUNDO

A Jornada Mundial da Juventude (JMJ)

A JMJ é um encontro organizado pela Igreja católica que ocorre, aproximadamente, a cada três anos em alguma metrópole do mundo. Seu objetivo é reunir jovens das mais diversas culturas para anunciar a mensagem de Jesus Cristo e celebrarem juntos sua fé.

A primeira edição ocorreu em 1986 na cidade de Roma e foi convocada pelo papa João Paulo II. A partir daí cada evento tem ocorrido em uma cidade diferente, promovendo o contato dos jovens com novas experiências sociais e religiosas.

O evento dura praticamente uma semana, e ao longo dos dias os jovens são convidados a participar de momentos de reflexão, oração, diversão, além de conhecerem e conviverem com os moradores da cidade anfitriã.

No ano de 2013, na cidade do Rio de Janeiro, ocorreu uma das maiores Jornadas da Juventude em número de participantes, com 3,4 milhões de pessoas, só perdendo para a JMJ de Manila, Filipina, em 1995, que reuniu mais de 4 milhões de pessoas.

Stefano Rellandini/Reuters/Fotoarena

Papa Francisco com jovens participantes da JMJ em Cracóvia, Polônia, 2016.

A Teologia da Libertação

O filósofo e teólogo Leonardo Boff. Foto de 2015.

Uma das grandes acusações feitas à Igreja católica, no decorrer da sua história, foi a de muitas vezes ter ficado ao lado dos ricos e poderosos, exercendo um poder injusto. Há, de fato, esse aspecto da Igreja. Mas há também outro. No século XX, houve contribuições importantes para mostrar o cristianismo como um instrumento de transformação social e de apoio às causas de justiça e igualdade nas sociedades.

Uma dessas contribuições foi a chamada Teologia da Libertação. Iniciada na América Latina, o movimento teve grande acolhida no Brasil, influenciando nosso destino religioso e político. Leonardo Boff, ex-frade franciscano, um dos representantes dessa teologia (que não é só católica, mas também partilhada por alguns protestantes), explica o movimento.

A Teologia da Libertação participa da profecia de Simeão a respeito do menino (Jesus): ela será motivo de queda e de elevação, será um sinal de contradição (Lc 2,34). Efetivamente a Teologia da Libertação é uma teologia incompreendida, difamada, perseguida e condenada pelos poderes deste mundo. E com razão. Os poderes da economia e do mercado a condenam porque cometeu um crime para eles intolerável: optou por aqueles que estão fora do mercado e são zeros econômicos. Os poderes eclesiásticos a condenaram por cair numa "heresia" prática ao afirmar que o pobre pode ser construtor de uma nova sociedade e também de outro modelo de Igreja. Antes de ser pobre, ele é um oprimido ao qual a Igreja deveria sempre se associar em seu processo de libertação. Isso não é politizar a fé, mas praticar uma evangelização que inclui também o político. Consequentemente, quem toma partido pelo pobre-oprimido sofre acusações e marginalizações por parte dos poderosos seja civis, seja religiosos.

Por outro lado, a Teologia da Libertação representa uma bênção e uma boa nova para os pobres. Sentem que não estão sós, encontraram aliados que assumiram sua causa e suas lutas. Lamentam que o Vaticano e boa parte dos bispos e padres construam no canteiro de seus opressores e se esquecem que Jesus foi um operário e pobre e que morreu em consequência de suas opções libertárias a partir de sua relação para com o Deus da vida que sempre escuta o grito dos oprimidos.

De qualquer forma, numa perspectiva espiritual, é para um teólogo e uma teóloga comprometidos e perseguidos uma honra participar um pouco da paixão dos maltratados deste mundo.

A centralidade do pobre e do oprimido

O punctum stantis et cadentis da Teologia da Libertação é o pobre concreto, suas opressões, a degradação de suas vidas e os padecimentos sem conta que sofre. Sem o pobre e o oprimido não há Teologia da Libertação. Toda opressão clama por uma libertação. Por isso, onde há opressão concreta e real que toca a pele e faz sofrer o corpo e o espírito, aí tem sentido lutar pela libertação. Herdeiros de um oprimido e de um executado na cruz, Jesus, os cristãos encontram em sua fé mil razões por estarem do lado dos oprimidos e junto com eles buscar a libertação. Por isso a marca registrada da Teologia da Libertação é agora e será até o juízo final: a opção pelos pobres contra sua pobreza e a favor de sua vida e liberdade.

A questão crucial e sempre aberta é esta: como anunciar que Deus é Pai e Mãe de bondade num mundo de miseráveis? Este anúncio só ganhará credibilidade se a fé cristã ajudar na libertação da miséria e da pobreza. Então tem sentido dizer que Deus é realmente Pai e Mãe de todos mas especialmente de seus filhos e filhas flagelados.

Como tirar os pobres-oprimidos da pobreza, não na direção da riqueza, mas da justiça? Esta é uma questão prática de ordem pedagógico-política. Identificamos três estratégias.

A primeira interpreta o pobre como aquele que não tem. Então faz-se mister mobilizar aqueles que têm para aliviar a vida dos que não têm. Desta estratégia nasceu o assistencialismo e o paternalismo. Ajuda, mas mantém o pobre dependente e à mercê da boa vontade dos outros. A solução tem respiração curta.

A segunda interpreta o pobre como aquele que tem: tem força de trabalho, capacidade de aprendizado e habilidades. Importa formá-lo para que possa ingressar no mercado de trabalho e ganhar sua vida. Enquadra o pobre no processo produtivo, mas sem fazer uma crítica ao sistema social que explora sua força de trabalho e devasta a natureza, criando uma sociedade de desiguais, portanto, injusta. É uma solução que favorece o pobre, mas é insuficiente porque o mantém refém do sistema, sem libertá-lo de verdade.

A terceira interpreta o pobre como aquele que tem força histórica, mas força para mudar o sistema de dominação por um outro mais igualitário, participativo e justo, onde o amor não seja tão difícil. Esta estratégia é libertária. Faz do pobre sujeito de sua libertação. A Teologia da Libertação, na esteira de Paulo Freire, assumiu e ajudou a formular esta estratégia. É uma solução adequada à superação da pobreza. Esse é o sentido de pobre da Teologia da Libertação.

Só podemos falar de libertação quando seu sujeito principal é o próprio oprimido; os demais entram como aliados, importantes, sem dúvida, para alargar as bases da libertação. E a Teologia da Libertação surge do momento em que se faz uma reflexão crítica à luz da mensagem da revelação desta libertação histórico-social. [...]

BOFF, Leonardo. *Quarenta anos da Teologia da Libertação.* 9 ago. 2011. Disponível em: <https://leonardoboff.wordpress.com/>. Acesso em: 21 abr. 2018.

Dentro dessa linha de opção pelos pobres, de defesa dos direitos de justiça e igualdade, foram fundadas no Brasil, nas décadas de 1970 e 1980, as comunidades eclesiais de base – centros comunitários cristãos, de apoio aos desamparados e de discussão sobre os direitos humanos.

Mario Leite/Editora Abril

Construção de centro comunitário de Comunidade Eclesial de Base (CEB) na Bahia: aplicação prática da Teologia da Libertação.

SESSÃO DE MÚSICA

Auscultate

Cantos Gregorianos – Volume 1. Radar Records, 2017.

Reprodução/Auscultate/Radar Records

Os cantos gregorianos são cantos antigos entoados nas missas e em momentos de oração desde a Idade Média por favorecer a oração e a comunhão com Deus.

Procure escutar alguns cantos e responda:

De algum modo, o canto ajuda você a entrar em comunhão com Deus? Sente-se mais espiritualizado?

BEBENDO NA FONTE CRISTÃ

Crônica de um teólogo da libertação

Um dos mais conhecidos representantes da Teologia da Libertação no Brasil é o religioso dominicano Frei Betto. Nesta crônica podemos identificar muitas ideias da Teologia da Libertação.

Rodrigo Buendia/Agência France-Presse

Frei Betto. Foto de 2017.

"Ensina a teu filho que o Brasil tem jeito e que ele deve crescer feliz por ser brasileiro.

Há neste país juízes justos, ainda que esta verdade soe como cacófato. Juízes que, como meu pai, nunca empregaram familiares, embora tivessem filhos advogados. Jamais fizeram da função um meio de angariar mordomias e, isentos, deram ganho de causa também a pobres, contrariando patrões gananciosos ou empresas que se viram obrigadas a aprender que, para certos homens, a honra é inegociável.

Ensina a teu filho que neste país há políticos íntegros como Antônio Pinheiro, pai do jornalista Chico Pinheiro, que revelou na mídia seu contracheque de parlamentar e devolveu aos cofres públicos jetons de procedência duvidosa.

Saiba o teu filho que, no monolito preto do Banco Central, em Brasília, onde trabalham cerca de 3 mil pessoas, a maioria é honrada e, porque não é cega, indignada ante maracutaias de autoridades que deveriam primar pela Ética no cargo que lhes foi confiado.

Ensina a teu filho que não ter talento esportivo ou rosto e corpo de modelo, e sentir-se feio diante dos padrões vigentes de beleza, não é motivo para ele perder a autoestima. A felicidade não se compra nem é um troféu que se ganha vencendo a concorrência. Tece-se de valores e virtudes e desenha, em nossa existência, um sentido pelo qual vale a pena viver e morrer.

Ensina a teu filho que o Brasil possui dimensões continentais e as mais férteis terras do planeta. Não se justifica, pois, tanta terra sem gente e tanta gente sem terra. Assim como a libertação dos escravos tardou, mas chegou, a reforma agrária haverá de se implantar. Tomara que regada com muito pouco sangue.

Cacófato: no texto, heresia, contrassenso.

Jetons: remuneração recebida pelos políticos pelo comparecimento às sessões parlamentares.

Monolito: obra feita de um só bloco de pedra.

Saiba o teu filho que os sem-terra que ocupam áreas ociosas e prédios públicos são, hoje, chamados de "bandidos", como outrora a pecha caiu sobre Gandhi sentado nos trilhos das ferrovias inglesas e Luther King ocupando escolas vetadas aos negros.

Pecha: má fama.

Ensina a teus filhos que pioneiros e profetas, de Jesus a Tiradentes, de Francisco de Assis a Nelson Mandela, são, invariavelmente, tratados, pela elite de seu tempo, como subversivos, malfeitores, visionários.

Ensina a teu filho que o Brasil é uma nação trabalhadora e criativa. Milhões de brasileiros levantam cedo todos os dias, comem aquém de suas necessidades e consomem a maior parcela de sua vida no trabalho, em troca de um salário que não lhes assegura sequer o acesso à casa própria. No entanto, essa gente é incapaz de furtar um lápis do escritório, tijolo da obra, uma ferramenta da fábrica. Sente-se honrada por não descer ao ralo que nivela bandidos de colarinho branco com os pés de chinelo. É gente feita daquela matéria-prima dos lixeiros de Vitória que entregaram à polícia sacolas recheadas de dinheiro que assaltantes de banco haviam escondido numa caçamba.

Agricultor colhendo café, no Espírito Santo, 2017.

Morgann Jezequel/Agência France-Presse

Incensa: bajula, elogia.

Ensina a teu filho a evitar a via preferencial dessa sociedade capitalista que tenta nos incutir que ser consumidor é mais importante que ser cidadão; incensa quem esbanja fortuna e realça mais a estética que a Ética.

Saiba o teu filho que o Brasil é a terra de índios que não se curvaram ao jugo português e de Zumbi, de Angelim e frei Caneca, de madre Joana Angélica e Anita Garibaldi, Dom Hélder Câmara e Chico Mendes.

Ensina a teu filho que ele não precisa concordar com a desordem estabelecida e que será feliz se se unir àqueles que lutam por transformações sociais que tornem este país livre e justo. Então, ele transmitirá a teu neto o legado de tua sabedoria.

Ensina teu filho a votar com consciência e jamais ter nojo de política, pois quem age assim é governado por quem não tem e, se a maioria tiver a mesma reação, será o fim da democracia. Que o teu voto e o dele sejam em prol da justiça social e dos direitos dos brasileiros, imerecidamente tão pobres e excluídos, por razões políticas, dos dons da vida."

FREI BETTO. Ensina a teu filho. Disponível em: <www.freibetto.org/>. Acesso em: 21 abr. 2018.

E PARA TERMINAR

Entre os grandes doutores da Igreja católica está uma mulher, Santa Teresa d'Ávila (1515-1582), monja espanhola que se dedicou ao serviço de Deus e à oração. Escreveu belíssimas páginas sobre a união da alma com Deus, das quais destacamos o trecho seguinte:

Quanto àqueles que são estranhos ao santo exercício da oração, eu os conclamo a não se privarem de um bem tão precioso. Não há nada a temer e tudo a desejar. Os progressos serão lentos: seja. Não serão poucos os esforços para se atingir a perfeição, nem para se tornar digno dos favores e das delícias que Deus concede aos perfeitos: seja ainda. Mas, ao menos, pode-se aprender pouco a pouco o caminho do céu. E se caminharmos com perseverança, espero tudo da misericórdia de Deus: não é em vão que o escolhemos como amigo. Pois, segundo penso, a oração é uma troca íntima de amizade, onde a alma se entretém a sós com Deus e não se cansa de exprimir seu amor por Aquele de quem ela se sabe amada. [...] Somente pela oração, Deus concede as graças tão elevadas como as que me concedeu. Se nós lhe fecharmos a porta, não vejo como Ele poderia nos concedê-las.

D'Avila, Thérèse. *Vie écrite par elle-même*. Paris: Éditions Stock, 1981. p. 95-98. Tradução dos autores.

Album/Fotoarena/The Metropolitan Museum of Art, Nova York, EUA

Santa Teresa d'Ávila intercedendo por almas que estão no purgatório. Óleo sobre madeira de Peter P. Rubens (1577-1640).

1) Segundo a Igreja católica, Deus concede sua graça aos fiéis por meio dos sacramentos e também, como se vê no texto de Santa Teresa, por meio da oração. Os sacramentos são específicos da religião católica; a oração pertence a todas as religiões. Na sua opinião, as orações de qualquer religião, desde que feitas com sinceridade, aproximam a alma de Deus? Por quê?

2) Na Igreja católica, as mulheres não podem ministrar todos os sacramentos, mesmo que sejam freiras, consagradas à vida religiosa. A não ser, como vimos, em ocasiões excepcionais, na ausência de um padre. No entanto, Santa Teresa é considerada uma doutora da Igreja, e outras santas, além de Maria, mãe de Jesus, têm lugar central na espiritualidade católica. Qual a sua opinião sobre isso?

3) Em geral nos lembramos de orar a Deus somente quando estamos em dificuldade, para pedir alguma coisa. Santa Teresa, no entanto, nos fala de uma forma de oração que é uma amizade entre nossa alma e Deus, para que manifestemos a Ele nosso amor e ao mesmo tempo sintamos o seu amor por nós. O que você pensa disso? Já experimentou essa forma de oração?

O que és, portanto, meu Deus? O que és, pergunto eu, senão o Senhor meu Deus? "Quem é, pois, senhor, senão o Senhor? ou quem é deus, senão o nosso Deus"? Ó altíssimo, infinitamente bom, poderosíssimo, justíssimo, ocultíssimo, presentíssimo, belíssimo e fortíssimo, estável e incompreensível, imutável que tudo muda, nunca novo e nunca antigo, tudo inovando, conduzindo à decrepitude os soberbos, sem que disto se apercebam, sempre em ação e sempre em repouso, recolhendo e de nada necessitando; carregando, preenchendo e protegendo; criando, nutrindo e concluindo; buscando, ainda que nada te falte. [...] nunca estás pobre, mas te alegras com os lucros; não és avaro e exiges os juros; nós te damos em excesso, para que sejas nosso devedor. Mas quem possui alguma coisa que não seja tua? Pagas as dívidas, sempre sem que devas a ninguém, e perdoas o que te é devido, sem nada perderes. Mas, que estamos dizemos, meu Deus, vida da minha vida, minha divina delícia? Que consegue dizer alguém quando fala de ti? [...]

Santo Agostinho.

Confissões. 4. ed. São Paulo: Paulus, 2011. p. 21-22. (Patrística).

Sean Gallup/Getty Images

Estátua de Martinho Lutero em memorial dedicado ao reformista, em Eisenach, Alemanha. Foto de 2017.

8 Os seguidores da Reforma

Quem são os protestantes?

Teses (de Martinho Lutero): as 95 teses que Lutero publicou na Alemanha, em 1517, criticando o papa, a Igreja católica e iniciando o movimento da Reforma.

Pentecostais: evangélicos membros das igrejas pentecostais, surgidas no início do século XX, nos Estados Unidos, de raiz protestante, mas desenvolvidas fora do protestantismo histórico de Lutero. Creem na manifestação do Espírito Santo em seus cultos.

O movimento protestante nasceu no seio da Igreja católica, mas logo se separou dela. Quando Martinho Lutero (1483-1546) anunciou as suas famosas teses, protestando contra os abusos que alguns representantes da Igreja praticavam (na ocasião havia muita corrupção no clero), não pretendia fundar uma nova Igreja, mas reformar aquela a que pertencia – uma vez que ele era monge católico. Entretanto, os fatos se desdobraram de tal maneira que ele e seus adeptos foram expulsos da Igreja católica e acabaram iniciando outra forma de cristianismo, que, embora tenha muito em comum com o catolicismo, tem vários aspectos diferentes.

A dificuldade de falar do protestantismo é que existem diversas igrejas e denominações nesse segmento, cada uma com características próprias. Ainda assim, há pontos comuns entre os que se filiam a esse ramo do cristianismo.

Na Alemanha, onde a Reforma nasceu, os adeptos do protestantismo são chamados também de evangélicos. No Brasil, popularmente, esse termo se aplica mais aos pentecostais e aos neopentecostais.

Tela do pintor alemão Julius Hübner (1806-1882) representando Martinho Lutero ao pregar as 95 teses para a reforma da Igreja católica.

A letra da Bíblia

Uma característica geral dos adeptos da Reforma é o seu apego à Bíblia. Enquanto os católicos aceitam, além da Bíblia, a autoridade dos "pais e mães da Igreja", dos concílios e do papa, os protestantes reconhecem somente a Bíblia como fonte de fé. Cada fiel tem o direito de ler e entender a Bíblia diretamente, sem a interpretação de uma instituição. É por isso que existem tantas denominações evangélicas e uma só Igreja católica. A cada interpretação um pouco diferente de alguns aspectos da Bíblia, há o nascimento de um novo grupo, enquanto na Igreja católica há um só catecismo, que todos os fiéis devem seguir. O catolicismo é unitário, com organização centralizada. O protestantismo é múltiplo, com várias organizações.

Isso não quer dizer que não existam diferentes correntes dentro da Igreja católica, como, por exemplo, a Teologia da Libertação, que vimos no capítulo anterior. Mas há uma unidade fundamental que não pode ser quebrada, ao passo que a unidade entre os evangélicos é a liberdade de interpretar a Bíblia e adorar a Deus sem uma autoridade central.

Neopentecostais: membros de igrejas neopentecostais, que começaram a se estabelecer, no Brasil, no início dos anos 1980 e são hoje as que mais têm crescido. São exemplos a Universal do Reino de Deus, a Internacional da Graça de Deus, a Renascer em Cristo e a Cristo Vive. Algumas delas enfatizam a prosperidade, o que desperta muitas críticas. Seus cultos são bastante emocionais, às vezes com práticas de exorcismo (expulsão de demônios) e de cura. "Pentecostes", por sua vez, refere-se à passagem bíblica em que os apóstolos, depois da ressureição de Jesus, recebem o Espírito Santo e falam línguas estranhas. O Pentecostes é celebrado cinquenta dias depois da Páscoa.

Pintura representando os princípios da Reforma de Lutero. Obra do artista germânico Lucas Cronach, o Velho (1472-1553).

O que há em comum entre os evangélicos

Entre os protestantes, além do apego à Bíblia, o culto é de certa forma mais simples do que o católico. O pastor não se paramenta com roupas sagradas, especiais; as igrejas quase não têm imagens, a não ser uma cruz (em algumas delas), e a parte central do culto é composta da leitura e da reflexão sobre aquilo que os fiéis acreditam ser a palavra de Deus – a Bíblia.

Menahem Kahana/Agência France-Presse

Batismo de evangélicos brasileiros no rio Jordão, em Israel, 2016.

Os protestantes não se confessam aos sacerdotes – mas diretamente a Deus –, não fazem a unção dos enfermos e não consideram sacramentos o matrimônio e a ordenação dos pastores. Por isso, aceitam que o casamento seja desfeito por meio do divórcio e que os pastores se casem. Estes não professam nenhum dos três votos que os padres e religiosos católicos seguem (castidade, pobreza e obediência). Os únicos sacramentos dos evangélicos são o batismo e a eucaristia, chamada de Ceia. A maioria não realiza o batismo das crianças, apenas dos adultos.

Evaristo Sá/Agência France-Presse

Culto na igreja Sara Nossa Terra em Brasília (DF), 2017.

Em geral, os adeptos do protestantismo são dizimistas: devem doar um décimo da sua renda mensal à Igreja. Essa prescrição foi baseada no Antigo Testamento, pois esse era um costume judaico.

Nenhuma Igreja protestante aceita que a ligação dos fiéis com Deus seja intermediada pelo sacerdote, por um santo ou por Maria. O único intermediário entre Deus e os protestantes é o próprio Cristo, que, aliás, é o próprio Deus, segundo a teologia protestante e católica, que aceita a Santíssima Trindade (Deus é Pai, Filho e Espírito Santo).

Alamy/Fotoarena

Ilustração de 1905 representando a eucaristia entre os primeiros protestantes.

Outro aspecto fundamental entre todos os evangélicos é que sua fé é sempre ativa, nunca contemplativa. Entre os católicos e os ortodoxos (para citar os cristãos) e entre os budistas (como exemplo de não cristãos), há conventos e mosteiros em que as pessoas se retiram do mundo para dedicar a vida à oração. Já os protestantes só entendem a fé como ação concreta no mundo. Não há mosteiros, conventos, nem místicos evangélicos.

Lutero, que foi monge, criticou duramente a vida nos conventos, considerando-a inútil. Já os críticos do protestantismo acham que esse caráter apenas prático da fé leva a uma espiritualidade dura, austera, com pouco sentimento, sem intimidade com Deus.

O X DA QUESTÃO

Uma das maiores discussões já ocorridas entre católicos e protestantes – e mesmo dentro do protestantismo – girou em torno do sacramento da eucaristia. Como vimos, os católicos acreditam que o pão e o vinho se transformam (ou se transubstanciam) no corpo e no sangue de Jesus. Lutero também acreditava na transubstanciação. Mas a sua ideia não prevaleceu. Os protestantes acham que existe apenas uma presença espiritual de Jesus, e não uma presença real. Alguns são até mais radicais: para eles, a Santa Ceia é um símbolo para rememorar a presença do Cristo na Terra. Assim, quando fazem a eucaristia, os evangélicos não atribuem a ela a mesma ideia que os católicos – a da presença real de Jesus.

Independentemente de sua crença, comente sobre a transubstanciação do pão e do vinho no corpo e sangue de Cristo. Você compartilha essa ideia? Por quê?

Para os católicos, na hóstia e no vinho consagrados há a presença real de Jesus (corpo, sangue, alma e divindade), porém essa crença não é compartilhada pelos protestantes. Culto protestante na igreja de São Pedro, Estrasburgo, França, 2017.

Godong/UIG/Getty Images

Os países em que há mais protestantes

Os evangélicos são predominantes nos países anglo-saxões e germânicos: Alemanha, Suíça, Inglaterra, Estados Unidos. Nos países latinos, como Portugal, Espanha, Itália, mais ligados à Igreja católica, a Reforma Protestante não teve sucesso. No Brasil, onde sempre foi mais forte o catolicismo, nas últimas décadas, houve um aumento de Igrejas evangélicas pentecostais.

Henrique Barreto/Futura Press

26ª Marcha para Jesus. Evento organizado pela Igreja Renascer em Cristo em São Paulo (SP). Foto de 2018.

Os admiradores da corrente evangélica atribuem a maior prosperidade econômica dos países protestantes à sua ética de fé ativa e trabalho. Parece que o protestantismo desenvolve mais o senso prático, a ação concreta, a busca de progresso científico e econômico. Por outro lado, seus críticos consideram que os países católicos têm mais calor humano, espiritualidade e criatividade. Os críticos da civilização católica consideram que a miséria, em países como o Brasil, está ligada ao fato de o catolicismo valorizar pouco a busca de conforto material e o trabalho científico e tecnológico.

Porém, essa visão deveria ser relativizada, pois, se pensarmos nas colônias da África exploradas por países protestantes, não podemos deixar de considerar que esse progresso econômico e científico serviu para explorar, tirar recursos dos povos colonizados e gerar a pobreza e a miséria.

E os críticos da civilização protestante, como o sociólogo alemão Max Weber (1864-1920), veem uma forte conexão entre os valores da sociedade capitalista – do lucro, da prosperidade material e da competição – e os valores herdados, sobretudo do calvinismo.

Science Photo Library/Latinstock

Representação de Martinho Lutero, tradutor da Bíblia para o alemão; Gutenberg, inventor da impressão mecânica; e Cristóvão Colombo, que encontrou a América durante suas navegações. Ilustração do artista polonês Wieslaw Smetek (1955-).

Hulton Archive/Getty Images

O reformador francês João Calvino (1509-1564) falando no Conselho de Genebra, Suíça. Gravura de um autor desconhecido do século XVIII.

O X DA QUESTÃO

1) Para você, quais são os pontos que aproximam as doutrinas católicas e protestantes?

2) Você considera importante uma religião ser fator de desenvolvimento econômico? Ou essa seria uma questão secundária? Justifique.

BEBENDO NA FONTE PROTESTANTE

O casamento segundo Lutero

Martinho Lutero escreveu um belo texto sobre o matrimônio, mostrando a importância de se casar. Embora os protestantes não considerem o casamento um sacramento e aceitem o divórcio, Lutero enfatizou que a separação só deveria ocorrer em casos graves de traição ou do não cumprimento dos deveres do homem e da mulher, e quis conferir à vida de casado um caráter de virtude.

[...] Quando Deus fez o homem e a mulher, ele os abençoou e lhes disse: "Crescei e multiplicai-vos". Essa passagem nos dá a certeza de que o homem e a mulher têm o dever e a obrigação de se unir para se multiplicar. [...]

LUTERO, Martinho. *A vida conjugal*. Paris: Gallimard, 1999. p. 1150. Tradução dos autores.

Mas, às vezes, a razão humana entra em cena e diz o seguinte:

[...] "Ai de mim! Devo mesmo embalar um bebê, lavar suas roupas, fazer sua cama, sentir o mau cheiro, velar durante a noite, prestar atenção no seu choro, cuidar de sua tinha e de sua varíola e ainda cuidar da mulher, alimentá-la, trabalhar, cuidar disso e daquilo, fazer isso e aquilo, sofrer isso e aquilo e suportar todas as outras dificuldades e penas que o estado conjugal apresenta? Ah! Serei eu a esse ponto prisioneiro? Ó infeliz, pobre marido! [...] É melhor permanecer livre e levar uma vida tranquila, sem preocupações. [...]"

Tinha: infecção de pele causada por fungos.

Album/akg-images/Latinstock/Museum der bildenden Künste, Leipzig, Alemanha

Óleo sobre tela de Gustav A. Spangenberg, de 1866, representando Martinho Lutero e família.

Mas o que responde a fé cristã? Ela abre os olhos e considera em espírito todos esses trabalhos humildes, desagradáveis, desprezados, e percebe que o favor divino como que os enfeita de ouro e diamantes. Diz ela: "Ó Deus! Por que estou certo que me fizeste homem e que é do meu corpo que crias a criança, tenho certeza de que isto te agrada acima de tudo; [...] e vou me entregar a essas tarefas de todo coração, fossem elas ainda mais humildes e desprezadas. [...]"

A mulher, por sua vez, deve ter os mesmos pensamentos em seus trabalhos, quando ela amamenta o filho, o acalenta e dedica-se a outras tarefas por ele, quando trabalha e ajuda seu marido [...]. Todas essas são obras nobres, puro ouro.

LUTERO, Martinho. *A vida conjugal*. Paris: Gallimard, 1999. p. 1170-1171.
Tradução dos autores.

O QUE VOCÊ ENTENDEU?

Você considera que os ideais de se casar, ter filhos e enfrentar os problemas do casamento são uma prisão ou são algo que deve fazer parte da vida do ser humano e no qual ele pode ser feliz?

FALANDO DE PERSONALIDADE

Um gênio cristão

O compositor alemão Johann Sebastian Bach (1685-1750) foi um dos maiores gênios da história da música. Criando harmonias e inventando formas inéditas de composição, ele inovou a música no Ocidente. Luterano, inspirava sua obra no Evangelho, e em tudo o que escrevia inseria no início os dizeres *Em nome de Jesus*. Apesar de genial, não foi um artista cheio de vaidades, que buscava apenas glória, fama e dinheiro. No final de suas obras constava sempre a frase *Glória só a Deus*.

Duas das mais marcantes características de Bach eram a sua religiosidade e o seu amor à vida em família. Teve dois casamentos. Depois da morte de sua primeira mulher, Bárbara, casou-se com Anna Magdalena. Ao todo, Bach teve vinte filhos, dos quais somente dez sobreviveram. Vários se tornaram grandes compositores, continuando a obra do pai, que ensinava música aos filhos desde pequenos. Vejamos como sua segunda esposa, Anna Magdalena, o descreve:

[...] Eu nunca havia visto um homem tão religioso. Isso pode parecer estranho, se se pensar em todos os bons pastores luteranos que tenho encontrado, cujo fim na vida é fazer sermões e dar bons exemplos. Mas Sebastian não se comparava a eles; não obstante parecer oculto, o sentimento religioso estava sempre nele, e nunca descuidado. [...] Meus pais educaram-me piedosamente na fé luterana, mas a religião de Sebastian era algo maior ainda. Senti-o

Album/akg-images/Latinstock/Museu de Belas Artes de Leipzig, Alemanha

Bach e sua família em suas devoções matinais. Tela do pintor estadunidense Toby E. Rosenthal (1848-1917).

desde o dia do nosso casamento, quando, depois de todos se haverem retirado, ele veio ao meu encontro, tomou-me o rosto entre as mãos e, depois de me olhar longamente, disse estas palavras: "Agradeço a Deus ter Ele me dado você, Magdalena". [...] Que bom pai de família ele era! Como me parecia grande e digno, sentado à cabeceira da mesa, cercado dos filhos e filhas, entre o seu querido Friedemann [seu filho mais velho] e eu, que mantinha nos joelhos o último nascido experimentando os dentinhos num pedaço de pão! Uma certa expressão de austeridade lhe sombreava às vezes o rosto, mas desaparecia completamente quando se via cercado da família; mostrava-se então alegre e afetuoso, interessando-se por tudo o que lhe dizíamos; a história mais insignificante do menor dos meninos não o deixava indiferente. Todos tinham por ele as atenções e o respeito que os filhos devem naturalmente ao pai, mas nesse amor filial havia menos temor do que costuma haver, de modo geral. Por estranho que pareça, posso afirmar que jamais Sebastian ergueu a mão para qualquer de seus filhos. [...] raramente se encolerizava com eles. Muitas vezes me admirei ao vê-lo compor e escrever música em meio às crises de choro e ao balbucio das crianças, exatamente como se estivesse sozinho no mundo. Quando uma delas, chorando, nos acordava no meio da noite e precisava ser embalada ou alimentada, ele jamais se impacientava. Apenas me pedia para entoar uma melodia bonita, a fim de que "todos nos beneficiemos da canção de ninar". [...]

MEYNELL, Esther H. *Pequena crônica de Anna Magdalena Bach.* São Paulo: Veredas, 2005. p. 47-60.

Bach era um ótimo educador. Apesar de compor músicas de grande complexidade, sabia ensinar com simplicidade às crianças e aos iniciantes. Todos os seus filhos tocavam. Ensinou sua esposa a tocar cravo e órgão e teve centenas de alunos, que o adoravam e cujo talento musical ele desenvolvia com paciência, amor e entusiasmo.

AGORA É COM VOCÊ

Que impressão lhe causa a maneira de ser de Bach? Justifique.

FALANDO DE ARTE SACRA

Arte protestante

Johann Sebastian Bach dedicou grande parte de sua obra a composições que eram executadas nas igrejas protestantes, posto que era um luterano fervoroso. Procure ouvir alguma obra religiosa de Bach. Por exemplo, o "Oratório de Natal", a cantata "A paixão segundo São Mateus", suas músicas para órgão ou ainda a maravilhosa canção "Jesus, alegria dos homens".

Album/akg-images/Latinstock

Bach tocando para o rei Frederick no palácio Sanssouci, em 1747. Evento representado na xilogravura de Carl Röhling, de 1890.

Alamy/Fotoarena

Igreja de São Tomás, em Leipzig, Alemanha, onde Bach lecionou. Foto de 2016.

As cantatas eram composições em que se narrava alguma passagem da Bíblia e cada personagem era representada por um cantor que se fazia acompanhar por um coral. Houve uma época na vida de Bach em que ele tinha de compor uma cantata por semana para apresentá-la na igreja. Ele compôs trezentas cantatas.

AGORA É COM VOCÊ

Sob a orientação do professor, faça este trabalho em grupos pequenos de duas a quatro pessoas. Escutem a música "Jesus, alegria dos homens" e criem uma letra que se adapte à sua melodia. A letra deve estar relacionada ao título. Depois, cada grupo deve apresentar o trabalho à classe. Se os grupos quiserem, podem mesclar os versos. Para isso, a única regra é a coerência e o bom encadeamento da letra. No final, pode haver uma votação para eleger as melhores letras.

DE OLHO NO MUNDO

500 anos da Reforma Protestante

O ano de 2017 tem uma importância muito grande para todos os seguidores de tradições protestantes, pois se comemorou o aniversário de 500 anos da Reforma Protestante.

A seguir, vemos como foi a celebração na Alemanha, berço do protestantismo.

A pequena cidade de Wittenberg, no leste da Alemanha, transformou-se [...] em uma "Meca" do protestantismo durante a celebração do aniversário de 500 anos da Reforma Protestante.

Foi na porta da igreja de um castelo local, segundo a tradição luterana, que o então frade Martinho Lutero pregou, no dia 31 de outubro de 1517, suas 95 teses com críticas à Igreja Católica — ele foi excomungado quatro anos depois. O evento marca o início da divisão entre católicos e protestantes.

Na Alemanha, Lutero não é apenas um líder religioso, mas uma figura de profunda influência cultural. Sua tradução da Bíblia colaborou para a padronização da língua alemã, e o estímulo da sua leitura ajudou a promover a educação no país.

Em sua mensagem sobre a data, a chanceler Angela Merkel, ela mesmo filha de um pastor luterano, afirmou que, com suas teses, o reformador "desencadeou um processo que não podia mais ser interrompido".

A celebração deste ano foi o primeiro jubileu protestante na Alemanha reunificada. Datas anteriores, como o quingentésimo aniversário do nascimento de Lutero em 1983 ou os 400 anos da reforma em 1917, foram eclipsados por acontecimentos como a divisão do país e a Primeira Guerra Mundial, e as festividades ainda exibiam ressentimento com os católicos.

Desta vez, a Igreja Evangélica na Alemanha (EKD), a federação que reúne mais de 20 igrejas protestantes alemãs, quis deixar para trás o aspecto divisionista do movimento iniciado por Lutero e focou no ecumenismo e na aproximação com os católicos.

Durante a cerimônia na igreja, foram convidados líderes católicos, ortodoxos e da comunidade judaica. Membros do coral de meninos de Leipzig, que teve Johann Sebastian Bach como diretor no século 18, foram os responsáveis pela música.

O bispo Heinrich Bedford-Strohm, presidente do Conselho da EKD, estendeu simbolicamente as mãos dos protestantes aos católicos. Num discurso direcionado ao papa Francisco, disse: "Quando você vier a Wittenberg, vamos recebê-lo de todo o coração".

Junto com o cardeal Reinhard Marx, presidente da Conferência dos Bispos da Alemanha, Bedford-Strohm entregou uma cruz ao presidente da Alemanha, Frank-Walter Steinmeier, e disse que os cristãos devem promover a reconciliação e a paz. [...]

STRUCK, Jean-Philip. Reaproximação com católicos marca 500 anos da reforma na Alemanha. *Folha de S.Paulo*, 31 out. 2017. Disponível em: <www1.folha.uol.com.br/>. Acesso em: 18 maio 2018.

Comemoração dos 500 anos da Reforma Protestante, em Wittenberg, Alemanha. Foto de maio de 2017.

Axel Schmidt/Getty Images

SESSÃO DE LEITURA

Bach, o pai da música

Luis Augusto Beraldi Colombo. São Paulo: Editora Comenius, 2014.

O livro narra a história do compositor alemão Johann Sebastian Bach e sua vida religiosa e familiar.

Leia a obra, contada em poesia no livro, e responda:

O que mais impressionou você na história de Bach?

Reprodução/Editora Comenius

Neopentecostais e carismáticos

Nos últimos anos, as Igrejas neopentecostais cresceram muito no Brasil. Em cada esquina ergue-se uma igreja de orientação neopentecostal. Segundo seus críticos, o dinheiro que vem do povo (em geral as pessoas mais pobres deixam boa parte do seu salário ali) sustenta fartamente o crescimento da igreja e propicia o enriquecimento dos líderes e a manutenção de emissoras de rádio e TV. Os protestantes tradicionais comentam que aquilo que Lutero e os primeiros protestantes combateram na Igreja católica de sua época (os abusos do dinheiro e a compra de lotes no céu) acontece hoje em muitas igrejas neopentecostais: compram-se a prosperidade, a melhoria de vida, a salvação do casamento, a libertação das drogas, o restabelecimento da saúde e, finalmente, a redenção em Jesus Cristo e a vida eterna por meio de generosas doações.

Já os cristãos progressistas acham que, além do aspecto comercial que muitas dessas igrejas assumem (aliás, a comercialização das promessas celestes é sempre um risco em qualquer religião), está o aspecto conservador: nada de crítica política, nem de consciência de cidadania, nem liberdade de pensamento. Há ainda o problema da intolerância com as outras religiões. O que se conquista hoje de ecumenismo e diálogo entre diferentes correntes retrocede na intolerância de alguns desses novos fiéis. Os que se convertem a muitas dessas igrejas passam a não ver com bons olhos os adeptos do candomblé, da umbanda, do espiritismo e mesmo os católicos.

Para fazer frente a esse avanço dos neopentecostais, alguns setores da Igreja católica criaram o ramo do catolicismo carismático. Nos encontros de grupos carismáticos, semelhante ao neopentecostal, também há canto, dança e apelos sentimentais. Alguns católicos criticam essa vertente, avaliando que, às vezes, a missa se torna um *show*. Outros consideram que esse tipo de experiência religiosa aproxima o povo da religião.

Um aspecto positivo que deve ser ressaltado nas igrejas neopentecostais é a maneira como muitos adeptos se livram de fato de problemas como drogas, delinquência e depressão.

Aurélio Scetta/Alamy/Fotoarena

Templo de Salomão, da Igreja Universal do Reino de Deus, um exemplo de igreja neopentecostal, em São Paulo (SP). Foto de 2016.

E PARA TERMINAR

1) A música sempre representou papel importante na religião protestante. Nos Estados Unidos, os afrodescendentes convertidos ao protestantismo criaram o gênero musical *spiritual*, que são canções religiosas de grande beleza. Hoje, temos o *gospel* e toda a gama de músicas cantadas nas Igrejas evangélicas. Lutero escreveu certa vez:

Quando a música natural é elevada e espiritualizada pela arte, o homem pode, com deslumbramento, reconhecer até um certo grau (porque totalmente é impossível) a grande e perfeita sabedoria de Deus na sua maravilhosa criação musical.

MEYNELL, Esther H. *Pequena crônica de Anna Magdalena Bach*. São Paulo: Veredas, 2005.

Godong/UIG/Getty Images

Apresentação de coral *gospel* em igreja protestante nos Estados Unidos, em 2013.

a) Na sua opinião, a música pode nos elevar a Deus? Como? Justifique sua opinião.

b) Qualquer música pode ser religiosa? Na sua opinião, que características deve ter uma música para nos facilitar a elevação até Deus?

c) Procure ouvir uma música de estilo *spiritual* e comente suas impressões.

Imagno/Getty Images

Retrato de Kepler, autor desconhecido, século XVIII.

2) A partir da Reforma de Lutero, houve uma explosão cultural na Europa central modificando inteiramente a educação, a ciência, a filosofia e a arte. Não foram poucos os grandes nomes que pertenceram a alguma corrente evangélica nos últimos quinhentos anos. O astrônomo Johannes Kepler (1571-1630), famoso pelas leis de movimento dos planetas que descobriu, era também protestante e via na ciência uma possibilidade de descobrir e louvar a Deus.

a) Você acha possível adorar a Deus de outras formas, além da oração? Por exemplo, por meio da ciência, da arte, etc.? Justifique sua opinião.

b) Você já pensou em se aproximar de Deus por meio de alguma atividade? Que atividade é essa e como ela está relacionada a Deus? Se não pensou, procure imaginá-la e descreva como isso se daria na prática.

Grande é o nosso Senhor, e sua sabedoria
e poder não têm fim!

Louvai-o, Sol, Lua e planetas,
seja qual for a língua com que soeis nesse louvor.
Louvai-o, harmonias celestes, também vós, testemunhas
e proclamadoras de suas verdades ocultas.
E tu, minha alma,
canta a glória do Senhor por toda a vida!

Dele e por Ele apenas
existem todas as coisas,
as visíveis e as invisíveis.
Apenas a Ele pertencem a glória
e a honra por toda a eternidade.

Amém.

Johannes Kepler.

Groß ist unser Herr. Disponível em: <https://gott.net/amen/ich-bete-dich-an/gross-ist-der-herr.html>. Acesso em: 25 abr. 2018. Tradução dos autores.

Vivek Prakash/Agência France-Presse

Festa tradicional chinesa, no templo de Wong Tai Sin, celebrando o Ano-Novo chinês, Hong Kong, 2018.

9 As tradições da China

As duas fontes principais

As antigas tradições chinesas ensinavam que no Cosmo havia um deus-pai que sustentava o mundo e todas as coisas. Recompensava os bons e castigava os maus. Toda vez que os humanos praticavam maldades, ele se encolerizava, mas no fim sempre os perdoava. Havia também uma mãe-terra, os ancestrais e os espíritos da natureza. Nenhum deles era superior ao pai. Seus cultos, cerimônias e rituais eram dedicados a essas divindades, principalmente à mãe-terra, produtora e símbolo da fertilidade.

As crenças espirituais do povo serviam para organizar sua vida. As atividades agrícolas estavam cercadas de cerimônias religiosas. Aceitavam as crenças de vida além-túmulo e achavam que os antepassados retornariam depois ao seio familiar.

Essas crenças circulavam na China na época do surgimento do confucionismo, de Confúcio, e do taoismo, de Lao-tsé. Não se sabe ao certo qual dos sábios nasceu primeiro. A tradição taoista apresenta Lao-tsé como o mais velho dos dois. Mas não há registros históricos que confirmem isso. O taoismo, o confucionismo e o budismo são as principais religiões seguidas na China e, junto com o hinduísmo e o islamismo, formam as mais importantes tradições religiosas do Oriente.

akg-images/Pictures From History/Latinstock

Buda, Confúncio e Lao-tsé representados em obra de Ding Yunpeng (1547-1628), durante a Dinastia Ming (1368-1644).

Godong/UIG/Getty Images

Representação de cena da vida de Buda (sentado no alto) observando a mãe-terra torcendo seus longos cabelos e causando uma inundação. Afresco localizado no templo Wat Phra Doi Suthep em Chiang Mai, Tailândia.

Os livros do confucionismo e do taoismo

Pintura em seda mostrando Confúcio palestrando para seus seguidores. Obra de autor anônimo, provavelmente do período da Dinastia Sung (960-1279 d.C.).

São cinco os livros principais na tradição confucionista: *As mudanças*, *O livro dos documentos históricos*, *As odes* ou *Os cantares*, *Primavera e outono* e *O livro dos ritos*. Além dos livros clássicos, feitos pelos primeiros discípulos de Confúcio: *As conversações* ou *Analectos*, *O amor filial*, *O grande estudo* ou *O grande saber* e *O justo meio*.

Para alguns, no entanto, apenas no livro *Analectos* pode ser encontrado o Confúcio real. Esse texto apresenta Confúcio em breves diálogos com seus discípulos, nos quais o mestre mostra sua sabedoria.

No taoismo, o livro principal é o *Tao Te King* (*O livro do Caminho e da Virtude*, em português). O livro é formado por ensinamentos do sábio chinês Lao-tsé. Nele, o velho mestre deixa registrados 81 aforismos, escritos em linguagem poética. O livro se divide em duas partes: o *Tao* (Caminho), em que Lao-tsé ensina a perceber o Tao, princípio que existe antes do próprio Universo, mas que não pode ser descrito por palavras; e o *Te* (Virtude), que fala sobre os sábios, a vida e a conduta humana.

Aforismos: sentenças morais; máximas.

O confucionismo

Muitos não consideram o confucionismo uma religião, mas sim uma filosofia, que uniu política e religião para transformar o homem e a sociedade. Outros acreditam que Confúcio criou um sistema religioso, pois considerava a religião, as crenças e certos ritos populares importantes para enobrecer a humanidade. Tanto que, durante mais de 2 mil anos, o confucionismo foi a religião oficial da China.

Pintura sobre seda de Jiao Bingzhen, do século XVIII, mostrando cena da vida de Confúcio.

O Céu representava Deus; o homem era o reflexo do Céu. E apenas no Céu reinava a ordem cósmica, ordem que o homem pode realizar em si mesmo. Mas, para isso, precisa participar das cerimônias dos antepassados, no templo, e dominar a si próprio.

A virtude só poderá ser alcançada se os seres humanos alcançarem sua divindade e respeitarem os três graus da virtude: ser um bom filho, um bom pai e um bom cidadão. Todos precisam assumir suas tarefas divinas, sociais, políticas e familiares.

A regra principal para Confúcio é a lei da reciprocidade: "Não faças aos outros o que não gostarias que eles fizessem a ti". O sábio respeita essa lei e é modesto em sua conduta. Vigia a si mesmo, não se atormenta, não conhece a dúvida nem o medo. Age virtuosamente.

Todos os seres humanos deveriam lutar para atingir a sabedoria. Mas o próprio Confúcio não se achava sábio. Dizia que, embora tivesse se esforçado para isso e procurado ensinar os outros, não havia atingido a sabedoria. Olhava com muita tristeza os que não se importavam com a sabedoria e buscavam a qualquer preço as honras e as riquezas. "Esses abandonaram o caminho", dizia ele.

Confúcio acreditava-se investido de uma missão divina na política e se esforçou por levar ensinamentos políticos aos governantes. No entanto, nunca obteve sucesso nesse intento. Os líderes políticos rejeitaram os seus conhecimentos.

Para ele, o povo seria feliz somente quando os governos fossem compostos desses sábios, com alta moralidade e grandeza intelectual. Somente a sabedoria orienta o povo. As leis autoritárias e as pressões do Estado sobre o povo geram trapaças, resistência e revoltas. Nesse caso, a educação tem papel fundamental. Confúcio acreditava que o investimento do governo e da família na educação daria ótimos frutos éticos, culturais, sociais e econômicos. A educação deveria formar o sábio e atingir todas as classes sociais: ricos ou pobres, nobres ou plebeus.

Estátua de Confúcio lecionando para alunos, em Quzhou, China.

O taoismo

Ao contrário de Confúcio e da mais antiga tradição chinesa, para Lao-tsé, o fundador do taoismo, o Céu e a Terra não tinham sentimentos humanos de amor e bondade. Ele eliminou de suas ideias religiosas o que os taoistas consideram antropomorfismo, ou seja, sentimentos e vontades humanas atribuídos às divindades.

Lao-tsé enxergava beleza e ordem no Universo. Para ele, nada era desordenado e sem sentido. Ele criticou a religião popular chinesa, mas buscou substituir essas crenças por uma visão religiosa mais cósmica.

akg-images/VISIOARS/Latinstock/Biblioteca Nacional, Paris, França

Ilustração colorida do século XVIII mostra Lao-tsé montando um búfalo-d'água.

Os seres humanos, segundo ele, deveriam conhecer e buscar o Tao, por este ser imutável. O Tao é anterior ao Céu e à Terra, não sendo possível dizer de onde vem. É o princípio do espaço e do tempo e a origem de todas as coisas e criaturas.

Segundo seus princípios, as leis do mundo se transformam constantemente. Suas mudanças são cíclicas; por exemplo, as estações do ano. De uma estação passa-se a outra, depois, retorna-se à estação inicial. Assim, à primavera sucedem-se o verão, o outono, o inverno, para depois voltar outra vez a primavera.

Manan Vatsyayana/Agência France-Presse

Pessoas rezando e queimando incenso no templo taoista Sin Sze Si Ya, em Kuala Lumpur, na Malásia, para ter boa sorte durante o ano. Foto do Ano-Novo chinês de 2018.

Heráclito: filósofo grego nascido em Éfeso, cidade da Jônia, Grécia. Viveu no período entre 540-470 a.C. É considerado o filósofo do devir, do vir a ser, do movimento, e tido por muitos como o mais importante antes de Sócrates. Segundo ele, o Universo está em constante transformação e sua única substância é um poder espontâneo de mudança, que se manifesta pelo movimento. Tudo é movimento, tudo flui, nada permanece o mesmo e tudo o que é fixo é ilusão.

Todas as coisas da natureza e do cosmo passam por esse processo de mudanças constantes. O filósofo grego Heráclito também pensava dessa maneira. Ele achava que todas as coisas estavam em constante transformação e, por isso, nunca colocamos o pé em um mesmo rio, porque o rio que corre é sempre outro rio a cada momento.

Lao-tsé afirmava que a ética está sujeita a transformações. Discordava do ideal de bem e de virtude de seu tempo e não considerava o bem como algo absoluto, como fazia Confúcio. Segundo Lao-tsé, o bem não está separado do mal. E tanto o bem como o mal mudam de acordo com o tempo e o lugar. Ele não concordava com a moral formada por leis severas e excesso de normas. As normas e as leis, segundo ele, só servem para criar assaltantes, infratores e hipócritas. A melhor maneira de conduzir os seres humanos não seria pela força, mas pela liberdade, pela sabedoria e pelo amor. Os Estados deveriam organizar sua política com base nesses princípios. O povo instruído para a sabedoria, e não para a ambição e o poder, vive na felicidade.

Pascal Deloche/Corbis/Getty Images

Pintura de caligrafia escrita por Lao-tsé. Aquarela de autor desconhecido, século XX.

O X DA QUESTÃO

1) A religião pode ajudar os seres humanos a organizar sua vida? Por quê?

2) Qual é a comparação possível entre Confúcio e Jesus?

3) Você concorda com a afirmação de Confúcio de que existem leis e verdades que não mudam ou com Lao-tsé, que dizia que as leis e as verdades se modificam de acordo com o lugar e o tempo? Justifique sua resposta.

BEBENDO NA FONTE TAOISTA

O Tao

Este trecho do livro *Tao Te King* ou *Tao Te Ching* fala da bondade, convocando-nos a sermos bons.

A bondade sublime é como a água.
A água, na sua bondade, beneficia os dez mil seres sem preferência;
Permanece nos lugares desprezados pelos outros;
Por isso, assemelha-se ao Caminho
Viva com bondade na terra,
Pense com bondade como um lago,
Conviva com bondade como irmãos,
Fale com a bondade de quem tem palavra,
Governe com a bondade de quem tem ordem,
Realize com a bondade de quem é capaz,
Aja com bondade o todo tempo.
Não dispute, assim não haverá rivalidade.

Lao-tsé. *Tao Te Ching*: o livro do caminho e da virtude. Tradução de Wu Jyh Cherng. Rio de Janeiro: Mauad X, 2011.

akg-images/Pictures From History/Latinstock

Símbolo do Tao que está presente no primeiro templo taoista, chamado Qingyang Gong Shi, feito na Dinastia Tang (618-907 d.C.).

O QUE VOCÊ ENTENDEU?

Nesse trecho Lao-tsé se refere à bondade como algo sublime. Por quê? Você acha a bondade uma virtude importante? Justifique.

O X DA QUESTÃO

As sociedades mais antigas sempre conciliaram religião e política. Todas as civilizações orientaram sua política por valores e crenças religiosas. Foram os gregos os primeiros a separar a religião da política. Na Grécia antiga, todos os que eram considerados cidadãos podiam participar da vida política. Mais tarde, na Idade Média, a religião se misturava com a política. Os reis deviam obediência ao papa, pois eram reis por direito divino. Atualmente, em muitos países, a religião continua a orientar a política, mas há outros em que esses dois conceitos funcionam paralelamente sem se misturarem.

Sob a orientação do professor, debata o assunto com seus colegas e, depois, responda: Na sua opinião, quais as vantagens e as desvantagens de a religião interferir na política? Justifique.

BEBENDO NA FONTE CONFUCIONISTA

Os analectos

Os analectos contêm os ensinamentos deixados por Confúcio para a humanidade. Nele, o autor mostra grande sabedoria e mantém um relacionamento amoroso e dedicado com os discípulos. Conheçamos algumas das palavras do mestre chinês:

Alguém disse para Confúcio: "Por que o senhor não faz parte do governo?".

O mestre disse: "O Livro da História *diz: 'Oh, um homem pode exercer influência no governo simplesmente sendo um bom filho e amistoso com seus irmãos'. Ao agir dessa forma um homem estará, de fato, fazendo parte do governo.*

Confúcio. *Os analectos*. 2,21. Porto Alegre: L&PM, 2017. p. 69.

O mestre disse: "Quem não é benevolente não pode permanecer por muito tempo em uma situação difícil e tampouco pode permanecer durante muito tempo em circunstâncias favoráveis.

"O homem benevolente é atraído pela benevolência porque ele se sente confortável com ela. O homem sábio é atraído pela benevolência porque percebe que ela lhe é favorável."

Confúcio. *Os analectos*. 4,2. Porto Alegre: L&PM, 2017. p. 75.

O mestre disse: "Riqueza e posições altas são o que os homens desejam, mas a menos que eu as conseguisse do jeito certo, eu não as manteria. Pobreza e posições baixas são o que os homens não querem, mas mesmo se eu não as conseguisse do modo certo, eu não tentaria escapar delas.

"Se o cavalheiro abandona a benevolência, de que modo pode ele construir um nome para si? Um cavalheiro nunca abandona a benevolência, nem mesmo pelo pouco tempo que demora para se comer uma refeição. Se ele se apressa e tropeça, pode-se ter certeza de que é na benevolência que ele o faz".

Confúcio. *Os analectos*. 4,5. Porto Alegre: L&PM, 2017. p. 75-76.

O mestre disse: "Se as ações de alguém são guiadas pelo lucro, esse alguém provocará muitos ressentimentos.

Confúcio. *Os analectos*. 4,12. Porto Alegre: L&PM, 2017. p. 77.

O mestre disse: "Quando conhecer alguém melhor do que você, dirija seus pensamentos para tornar-se igual a essa pessoa. Quando conhecer alguém tão bom quanto você, olhe para dentro e examine a si próprio".

Confúcio. *Os analectos*. 4,17. Porto Alegre: L&PM, 2017. p. 78.

O mestre disse: "A virtude não é sozinha. Está destinada a ter vizinhos".

Confúcio. *Os analectos*. 4,25. Porto Alegre: L&PM, 2017. p. 78.

O mestre disse: "Nunca neguei instrução para ninguém que, por vontade própria, tenha me dado um pacote de carne seca de presente".

Confúcio. *Os analectos*. 7,7. Porto Alegre: L&PM, 2017. p. 90.

[...] O mestre disse: "Faça o seu princípio norteador dar o melhor de si pelos outros e ser coerente com aquilo que diz, e vá onde há retidão, então você estará exaltando a virtude. [...]"

Confúcio. *Os analectos*. 12,10. Porto Alegre: L&PM, 2017. p. 117.

O mestre disse: "Força inquebrantável, resolução, simplicidade e reticência são próximas da benevolência".

Confúcio. *Os analectos*. 13,27. Porto Alegre: L&PM, 2017. p. 126.

O mestre disse: "Uma pessoa que exige muito de si mesma e pouco dos outros ficará a salvo de críticas".

Confúcio. *Os analectos*. 15,15. Porto Alegre: L&PM, 2017. p. 137.

O QUE VOCÊ ENTENDEU?

Escolha um ensinamento e tire dele uma lição para a sua vida. Escreva-o com suas palavras.

Cena de Confúcio com seus discípulos. Desenho sobre papel feito durante a Dinastia Qing (1644-1912).

FALANDO DE ARTE

Um tesouro chinês

A arte chinesa é milenar. A data de seu início é desconhecida. Suas características principais são simbólicas. Segundo especialistas, ela não se enquadra na classificação ocidental de arte. Pode-se classificar a arte chinesa em três divisões: a primitiva, a greco-búdica e a búdica.

No século XVI, a fama da seda e da porcelana feitas na China se espalhava pelo mundo. Mesmo assim, até o começo do século XIX, as principais formas de expressão artística orientais conhecidas eram a egípcia e a mesopotâmica. Mas, a partir do início do século XX, os ocidentais passaram a conhecer melhor a arte chinesa, que aos poucos vai influenciando a arte ocidental. Não é possível conhecer a arte oriental sem passar pela arte chinesa.

DeAgostini/Getty Images

Prato de porcelana chinesa da Dinastia Ming (1580-1600), enfeitado com plantas e animais.

Não faz muito tempo, foi descoberto um grande tesouro da arte chinesa: os guerreiros de Xian. Em 1974, camponeses escavavam um poço de água quando descobriram o sítio arqueológico na região de Xian. São inúmeras tumbas que possuem uma extensão

Leão de bronze, diante da entrada da Cidade Proibida em Pequim, China. Foto de 2014.

Fotoholica Press/LightRocket/Getty Images

de 50 quilômetros, dos quais foi explorada até agora somente uma pequena parte. No local foram descobertas quase 8 mil estátuas em tamanho natural, cada uma delas com características específicas: os traços do rosto, a estatura física, as roupas, os apetrechos de guerra e o penteado. As diferenças provêm da hierarquia militar de cada um. Até agora mais de mil peças foram recuperadas e tratadas. Na época, as estátuas dos imperadores eram feitas em moldes prontos. As de Xian foram construídas à mão, uma a uma, pelos artesãos.

Encomendadas pelo imperador Qin Shi Huangdi, famoso por ter unificado a China por volta do ano de 240 a.C., foram fabricadas em argila cozida, conhecida também por terracota. O imperador encomendou as estátuas para serem colocadas em seu túmulo, na intenção de o protegerem na vida após a morte. Cerca de 700 mil servos levaram mais de quarenta anos para fazer essas estátuas.

Quando as estátuas ficaram prontas, o imperador já havia morrido e elas foram colocadas posteriormente em seu túmulo.

VCG/Getty Images

Os guerreiros de Xian. Foto de 2017.

AGORA É COM VOCÊ

1) Muitas culturas unem arte e religião. Na sua opinião, há ligação entre as duas? A arte influencia a religião e vice-versa? Justifique sua resposta.

2) Sob a orientação do professor, reúna-se com seus colegas em grupos pequenos e façam uma pesquisa mais aprofundada sobre Lao-tsé e Confúcio. Depois escrevam uma pequena peça de teatro encenando um possível encontro entre os dois.

DE OLHO NO BRASIL

A juventude e a política

A sociedade atual tem enormes desigualdades sociais: muitos têm pouquíssimo e poucos têm muito. Boa parte da população vive na miséria. É necessária uma transformação social e política para que haja mais justiça. Muitos acreditam que os meios políticos são a melhor forma de mudarmos o país. A mesma opinião tinha Confúcio, que via na política um instrumento para a melhoria de vida do povo e sua felicidade. E, para o sábio chinês, como para muitos pensadores, os jovens são indispensáveis nesse processo.

No Brasil, porém, as pesquisas indicam que os jovens estão cada vez menos interessados nessas questões. Ao contrário, estão mais conservadores e alienados, preocupando-se apenas com consumo e diversões. Alienada é uma pessoa que não tem consciência política, que é indiferente a esse assunto. É aquilo que Bertolt Brecht (dramaturgo alemão; 1898-1956) chamaria de analfabeto político:

O pior analfabeto é o analfabeto político. Ele não ouve, não fala, nem participa dos acontecimentos políticos. Ele não sabe que o custo de vida, o preço do feijão, do peixe, da farinha, do aluguel, do sapato e do remédio dependem das decisões políticas.

O analfabeto político é tão burro que se orgulha e estufa o peito dizendo que odeia a política. Não sabe o imbecil que, da sua ignorância política, nasce a prostituta, o menor abandonado, e o pior de todos os bandidos, que é o político vigarista, pilantra, corrupto e lacaio das empresas nacionais e multinacionais.

BRECHT, Bertolt. Disponível em: <www.consciencia.net/2004/mes/01/brecht-analfabeto.html>. Acesso em: 26 abr. 2018.

Nas décadas anteriores, a juventude se mostrava mais preocupada com os rumos do país, participava de forma mais concreta e tomava importantes decisões.

Mario Tama/Getty Images

Manifestação na favela de Manguinhos denunciando a morte de jovens negros pela polícia, Rio de Janeiro (RJ), 2014.

Sobre isso, Confúcio provavelmente diria que os jovens devem voltar a se engajar nos movimentos políticos e tomar consciência da necessidade de se construir um país melhor e mais justo.

É verdade que alguns pesquisadores do perfil da juventude atual argumentam que os jovens mudaram o modo de atuação, mas continuam engajados em algo. Por exemplo, preocupam-se com o meio ambiente, com questões que envolvem tolerância e convivência plural na sociedade. Mas essas atuações são mais pontuais, menos comprometedoras. Tanto que a maioria permanece altamente consumista, e ser consumista é estar de acordo com o sistema capitalista, sem o exercício de um espírito crítico.

Leia o artigo abaixo a respeito desse tema:

Historicamente falando, a participação de jovens em questões políticas se mostrou muito efetiva. Caso procuremos, mesmo em situações particularmente recentes, vemos que os jovens que têm sua vida voltada para os interesses políticos se mostram determinados e dedicados não apenas a ideais que favorecem sua categoria, voltada mais para o público estudantil, como também um infinito de melhorias sociais.

Um bom exemplo dessa participação política da juventude são os protestos do movimento passe-livre. Ele teve início em 2013, em São Paulo, quando discutia-se o aumento do preço das passagens de ônibus. Nesse período, a tarifa da passagem de ônibus sofria, no estado de Goiás, um aumento do valor de R$ 2,20 para o acordo final de R$ 2,80.

O estudante [...] Iago Montalvão, de 22 anos, participou do movimento passe-livre. Ele fala como tomou gosto pela política quando ainda estava no ensino médio e sobre sua participação no movimento.

Iago fala que, apesar de já ter melhorado muito, a participação de jovens ainda é insuficiente, porém, por uma questão sociológica. "Se você parar para pensar na década de 60 ou 70, quando houve principalmente o enfrentamento da ditadura, eu acho que existia uma participação maior dos jovens na política, primeiro porque se havia uma incidência maior do estado brasileiro de repressão sobre a juventude, segundo porque nas universidades tinham mais uma elite, uma classe média que tinha mais disposição de se envolver com política, hoje em dia a gente acabou desenvolvendo uma sociedade mais individualista, mais neoliberal que acaba afastando o jovem da política", explica. Ele ainda ressalta que como as classes mais populares estão começando a ingressar nas universidades, essas classes têm muitas obrigações extras e, por isso, muitas vezes ficam afastadas dessa política.

Apesar da afirmação, o jovem historiador fala que não estamos tão ruins assim. "Eu acho que tem muitos jovens que ainda se envolvem [com a política], muita gente que não sabe como se envolver", conta Iago.

O estudante Douglas de Santos Mattos, 18, [...] explica que a participação dos jovens em assuntos que envolvam política não é de importância apenas em abrangência nacional, mas mundial, pois esses jovens são o "futuro". "Não adianta de nada apenas alguns estudantes elegerem quem faria um excelente papel, enquanto a massa, sem conhecimento, não ajuda nas melhores escolhas, temos a necessidade de construir uma juventude mais consciente, mais participativa e preparada para as políticas atuais e futuras", explica.

Sara Macedo de Paula, 20, [...] ressalta. "É evidentemente necessária a presença da juventude, que além de trazer experiências novas, tem cara de rua, de povo, e política é em função do povo".

As palavras dos jovens têm certo fundo argumentativo, pois, cada vez mais, vemos que existe um certo desinteresse em ler ou procurar mais profundamente sobre assuntos que envolvam política. Uma prova disso é que no meio do ano passado a professora [...] Esther Solano, e o filósofo Pablo Ortellado, [...] fizeram uma pesquisa com mais de 570 pessoas em um protesto contra o governo. O resultado mostrou que quase metade dos manifestantes confiavam mais em redes sociais, como o WhatsApp e o Facebook, que nos telejornais. As redes sociais receberam a confiança de, respectivamente, 26% e 47% dos manifestantes, enquanto o Jornal Nacional, ícone em telejornalismo no país, perdeu a confiança de 37% deles.

Douglas fala também sobre como falta nos jovens de hoje o conhecimento não só de política, mas também de cidadania. Ele defende que a cidadania ainda é ensinada nos colégios e/ou pelas famílias, mas que muitos chegam "perdidos" nas universidades quando se trata de política." A juventude não costuma receber tal educação, digo

Heuler Andrey/Agência France-Presse

Manifestação em Curitiba durante a Copa do Mundo de 2014.

isso por ver bastante na sociedade isso, além de ter acontecido comigo, fora alguns professores meus, que conheci já no final do Ensino Médio, onde comecei a questionar muitas coisas, tirando eles, eu jamais tinha recebido educação política", fala Douglas.

Quando questionados sobre o que seria necessário para que os jovens se envolvessem mais em assuntos políticos, os estudantes tiveram respostas bem parecidas, cada um voltado para sua área. "Eu acho que o governo deveria ter mais políticas públicas para estimular isso, realizando mais atividades, mais conferências, que pudessem debater os mais diversos temas, já melhorou muito, há 10 anos você não tinha essas conferências de juventude como vemos hoje, mas ainda precisa de mais, precisa ter também a democratização dos meios de comunicação, que hoje em dia são monopolizados e emitem uma opinião conservadora", afirma Iago.

"Políticas sociais seriam uma boa pra colocar em prática agora, mas acho que a maneira de resolver esse problema a longo prazo é a educação, desconstruir isso [machismo] desde o nascimento", fala Sara em relação ao desincentivo da participação de mulheres na política [...]

"Propagação do assunto, educação política em casa e em escolas, busca de uma mídia menos conservadora e voltada para um certo lado político a qual a favorece melhor, acredito que isso seria um começo interessante a ser analisado", se expressa Douglas. [...]

FRANCO, Maria T. D. A participação dos jovens em assuntos políticos já trouxe grandes mudanças para o país. *DM*. 11 jan. 2016. Disponível em:<www.dm.com.br/>. Acesso em: 26 abr. 2018.

AGORA É COM VOCÊ

Uma das tendências dos jovens de hoje é utilizar a internet para se manifestar. Alguns estudiosos apontam que a manifestação dos jovens é maior pela internet do que nas ruas. Discuta com os seus colegas se a internet possibilitou uma participação maior dos jovens na política e na sociedade ou criou uma maior participação virtual e no fundo pouco engajamento em situações reais?

SESSÃO DE LEITURA

Marco Polo e sua maravilhosa viagem à China

Janis Herbet. Rio de Janeiro: Zahar, 2003.

O livro conta como Marco Polo, o famoso explorador italiano, chegou à China, os lugares por onde passou e as aventuras que viveu ao longo do caminho.

Leia o livro e responda:

Quais são as semelhanças e as diferenças entre os costumes chineses e os ocidentais?

Reprodução/Jorge Zahar Editor

Demolição de templo evangélico na China levanta temor de perseguição a cristãos

A demolição de um imenso templo evangélico na cidade de Linfen, em Shanxi, está levantando temores de perseguição contra cristãos na China. [...] uma igreja católica foi demolida na mesma província. Segundo a Associated Press, testemunhas e ativistas disseram que forças da Polícia Armada do Povo usaram escavadeiras e dinamite para destruir a igreja Golden Lampstand [...].

Uma autoridade local do escritório de questões religiosas negou que o templo tenha sido demolido, mas fotografias distribuídas pela ONG cristã ChinaAid, baseada nos EUA, mostraram os destroços da igreja.

A congregação evangélica Golden Lampstand reúne cerca de 50 mil fiéis e tem histórico de enfrentamentos com o governo. Em 2009, centenas de policiais invadiram o templo, apreenderam bíblias e prenderam alguns de seus líderes, que foram condenados a longas penas.

Segundo estimativas do governo, existem na China cerca de 60 milhões de cristãos, muitos vinculados a pequenas congregações como a Golden Lampstand. O crescimento da popularidade de igrejas não aprovadas pelo Estado levantaram a ira de autoridades locais, que consideram esses espaços ameaças ao rígido controle político e social do Partido Comunista.

A Golden Lampstand já havia sido acusada de violar códigos de construção e acordos sobre o uso do terreno, processos comuns contra igrejas não registradas.

Um pastor de uma igreja próxima informou, sob condição de anonimato, que havia "mais policiais do que eu poderia contar" para evitar que uma multidão de curiosos e fiéis se aproximassem do local.

— Meu coração ficou triste ao ver essa demolição e agora eu temo que mais igrejas sejam demolidas, até mesmo a minha — disse ele. — Esta igreja foi construída em 2008, não havia razões para destruí-la agora.

Igreja de Golden Lampstand sendo destruída pela polícia em 2018.

Reprodução/ChinaAid

A China garante a liberdade religiosa no papel, mas na prática as autoridades regulam muitos aspectos da vida religiosa. As igrejas devem ter aprovação oficial e os pastores devem seguir regras impostas pelo governo. Periodicamente, congregações não aprovadas têm seus líderes presos e templos demolidos.

[...] a linha dura do governo se tornou mais evidente após 2013, quando o governo lançou operações contra cruzes e grandes templos. Na província de Zhejiang, por exemplo, mais de 1,2 mil cruzes foram removidas em 2015.

Um relatório sobre liberdade religiosa do Departamento de Estado americano afirma que o governo chinês "agrediu, deteve, prendeu, torturou, condenou à prisão ou ameaçou membros de grupos religiosos registrados e não registrados por atividades relacionadas às suas crenças e práticas religiosas".

O templo da Golden Lampstand foi construído há uma década por 17 milhões de iuanes, de acordo com o pastor Yang Rongli, líder da congregação. Yang cumpriu sete anos de prisão sob acusação de "organizar uma multidão para promover distúrbios no tráfego" e está sob vigilância desde que foi libertado, em outubro de 2016.

— Eu acredito que isto possa ser um novo padrão contra qualquer religião independente com um templo ou a intenção de construir um — disse Bob Fu, fundador da ONG ChinaAid. — Isso também pode ser o prelúdio da aplicação de novas regulações sobre a religião [...].

DEMOLIÇÃO de templo evangélico na China levanta temor de perseguição a cristãos. *O Globo*, 11 jan. 2018. Disponível em: <https://oglobo.globo.com/>. Acesso em: 18 maio 2018.

E PARA TERMINAR

Em poemas clássicos chineses, há uma serena contemplação da natureza. Leia o poema e responda às questões.

Diálogo no monte

Por que vivo no verde monte?

Sorrio sem resposta

Flores do pessegueiro fluem na corrente do rio

Há outro céu, outra terra, além do mundo dos homens.

BAI, Li. In: MARSICANO, Alberto; CHIH, Chiu Yi; SI-YUAN, Chiu. *Poemas chineses*. p. 117. Disponível em: <www.revistas.usp.br/clt/article/viewFile/97013/96048>. Acesso em: 18 maio 2018.

Album/Fotoarena/Biblioteca Britânica, Londres, Inglaterra

Ilustração representando o poeta chinês Li Bai (701-762 d.C.). Autor desconhecido.

1) Que sensação causa esse breve poema em você?

2) Inspirado no poema acima, faça alguns versos de contemplação da natureza.

Reprodução/Bernardo Bertolucci/Flashstar

SESSÃO DE CINEMA

O último imperador

Direção de Bernardo Bertolucci. LK-Tel Vídeo/Colúmbia, 1987.

Esse filme mostra a vida do último imperador da China, que, antes considerado divino, depois da Revolução Chinesa tem de se adaptar às novas condições políticas e sociais do país.

Procure assistir ao filme indicado pensando nesta questão:

Confúcio pregava uma reforma política, mas a Revolução Chinesa tratada no filme foi uma revolução violenta. A violência pode mudar uma sociedade?

O que é metade ficará inteiro.
O que é curvo ficará reto.
O que é vazio ficará cheio.
O que é velho ficará novo.
Quem tem pouco receberá.
Quem tem muito perderá.

Assim também o Sábio:
ele abraça a Unidade
e se torna um modelo para o mundo.
Ele não quer brilhar,
por isso atinge a iluminação.
Ele mesmo não quer ser nada,
por isso torna-se magnífico.
Não busca a fama,
por isso realiza obras.
Não busca a perfeição,
por isso é exaltado.
Porque não luta,
ninguém pode lutar com ele.
O que os antigos disseram, "O que está pela metade deve reencontrar a integridade",
não é, na verdade, uma sentença vazia.
Toda verdadeira perfeição nela está resumida.

Lao-tsé.

Tao-Te King: o livro do sentido e da vida. 19. ed. São Paulo: Pensamento, 2012. p. 58.

10

Os caminhos hindus

Tocador de flauta no Festival Kumbh Mela, em Ujaim, Índia. Foto de 2016.

Religiões antiquíssimas

Podemos achar inútil estudar histórias muito antigas, que parecem não ter nada a ver conosco. Tudo, porém, está ligado, porque na origem das culturas há traços comuns. E afinal veremos que, quanto mais nos voltamos para o passado, mais entendemos o presente e entendemos a nós mesmos.

Alamy/Fotoarena

Relevo retratando Vishnu sentado sobre a serpente Sesha em um dos templos localizados nas cavernas da cidade de Badami, Índia. Foto de 2013.

A Índia é considerada um dos berços da civilização. Se observarmos com atenção os traços de sua cultura, veremos que em muitas ideias existe um intercâmbio entre o mundo ocidental e a cultura hindu.

Para entender melhor a questão, é preciso saber que indiano é quem nasce na Índia e pode pertencer a qualquer religião; e hindu é o adepto do hinduísmo e pode ser de qualquer país. É importante fazer essa distinção, pois a maioria dos indianos é hindu e a maioria dos hindus está na Índia. Mas há indianos muçulmanos, cristãos, etc.

A origem dos hindus

Há cerca de 5 mil anos tem-se notícia de um povo que se lançou a sucessivas invasões e foi o povo ancestral de toda a Europa, Oriente Médio e Índia: os árias. Germanos, celtas, gregos, latinos, indianos, iranianos, entre muitos outros, têm uma origem comum, também chamada de indo-europeia. Rituais e crenças, costumes e palavras às vezes se assemelham nesse tronco único. Até hoje temos ressonâncias dessa herança em nossa língua. Por exemplo, *deus* vem de *deiwos*, que no indo-europeu significa "céu".

Os árias invadiram o vale do Indo mais ou menos 1500 anos antes de Cristo. Lá encontraram um povo do qual pouco sabemos, mas que já possuía belas cidades construídas. Os árias praticavam a religião dos Vedas. Eles misturaram suas crenças com as crenças locais. Dessa fusão, muito mais tarde, surgiu o hinduísmo.

Vedas: textos sagrados que fundamentam a tradição religiosa e filosófica da Índia.

Hinduísmo é uma palavra inventada pelos ocidentais. Os hindus chamam sua própria crença de *sanatana dharma*, que quer dizer "lei eterna".

Como explicar o hinduísmo

Não é fácil dar uma ideia do hinduísmo, pois não se trata de uma religião que se resume numa igreja como as ocidentais, com instituições centralizadas e princípios fixos nos quais oficialmente os adeptos devem acreditar. O hinduísmo é uma religião bastante livre e, por isso, tem várias faces. Tem uma face popular e uma face intelectualizada; uma face politeísta, uma face monoteísta e outra ainda panteísta.

O povo cultua muitos deuses masculinos e femininos; alguns hindus têm um Deus pessoal, Senhor de todas as coisas; outros acham que Deus é todas as coisas (é o que se chama panteísmo), e não um ser pessoal. Há até correntes hindus que não acreditam em Deus. Muitos hindus, no entanto, acreditam num só Deus que é uma trindade: Brama, o criador; Vishnu, o protetor e conservador; Shiva, o destruidor.

Album/Fotoarena/Coleção particular

Estátua de Shiva, do século X, feita em granito.

O que pode, então, haver de comum entre todos os hindus? A ideia da transmigração das almas (mais conhecida como reencarnação) e a função da religião de libertar as almas da matéria.

Todos os hindus acreditam que morremos e renascemos muitas vezes, mas que devemos nos esforçar para não ter de reencarnar mais e para nos libertarmos totalmente do corpo. Essa libertação final chama-se *moksha*.

Deus pessoal: Deus, como um ser com quem nos relacionamos pessoalmente, entendido e amado como o Ser supremo, como Senhor e Pai.

Panteísmo: doutrina segundo a qual Deus é o mundo e o mundo é Deus.

Alamy/Fotoarena

Borij Derasar, templo jainista, uma das religiões mais antigas da Índia, na cidade de Gandhinagar, em 2018.

Como atingir a libertação

A respeito deste assunto o hinduísmo apresenta novamente várias versões. O hindu pode escolher um dos seguintes caminhos para alcançar a libertação:

- **O caminho do conhecimento**, que é o do estudo, com a orientação de um mestre, e significa entender que tudo o que há no mundo é ilusão, e que só o espírito é realidade.
- **O caminho da devoção**, que significa orar, cultuar e seguir Deus, entendido como um ser pessoal.
- **O caminho da ação desinteressada**, que é o de praticar boas ações, sem nenhum desejo de recompensa.
- **O caminho da ioga**, que é o de abandonar os prazeres terrenos e dedicar-se à meditação e aos exercícios espirituais.
- **O caminho do tantra**, que é a inversão da ioga, pois pretende atingir a libertação por meio dos prazeres, sobretudo do sexo.

Praticantes de ioga nos jardins do monumento Bara Gumbad, em Nova Deli, Índia. Foto de 2008.

Lionel Derimitis/Corbis/Getty Images

O que é sagrado para os hindus

O cotidiano da vida de um hindu está impregnado de sua religião. Dentro de casa, os hindus mantêm um altar para fazer oferendas aos seus deuses. Também na maneira de comer eles levam em conta a questão religiosa. Por exemplo, na Índia, as vacas são sagradas e ninguém pode feri-las, matá-las, nem alimentar-se de sua carne. Aliás, a maioria absoluta dos hindus é vegetariana, porque um dos preceitos básicos do hinduísmo é o respeito às diversas formas de vida.

Fogo sagrado: fogo utilizado desde rituais muito antigos, que remontam à época dos Vedas. Simboliza inteligência, realização e purificação.

Kaveh Kazemi/Getty Images

Faz parte da rotina dos indianos as vacas circularem livremente na Índia. Varanasi, Índia, 2018.

Outro elemento da natureza, sagrado na Índia, é o rio Ganges. Banhar-se nesse rio é um ato de purificação. Aos olhos dos hindus, as águas do Ganges têm poderes de curar e trazer bênçãos espirituais. E, quando alguém morre, segue-se o costume de cremar o corpo e jogar as cinzas no rio.

Nas relações entre as pessoas, a religião também está presente. Os gurus (ou mestres) são muito respeitados. A ajuda ao próximo é recomendada. Como entre os católicos, o casamento é sagrado. A cerimônia é realizada em casa e os noivos dão sete passos em volta do fogo sagrado para selar o compromisso eterno.

Pessoas se preparando para tomar banho no rio Ganges, em Varanasi, Índia, 2017.

Frank Bienewald/LightRocket/Getty Images

O X DA QUESTÃO

Uma das grandes discussões sobre a cultura hindu gira em torno da vaca sagrada. Há cerca de 200 milhões de vacas pastando nas terras indianas. A motivação para que hindus não comam carne de vaca está relacionada com os dogmas do hinduísmo. Em outras religiões também são apresentadas restrições em relação a alguns tipos de alimentos e seus modos de preparo: os budistas, por exemplo, não consomem nenhum tipo de carne; já os judeus não guardam nem preparam alimentos derivados de leite com carne. Mas, além da questão religiosa, muitas pessoas têm se tornado vegetarianas ou até mesmo veganas por questões éticas.

Veganas: pessoas que não comem a carne e nenhum derivado de origem animal, como ovos ou leite.

Sob a orientação do professor, debata o assunto com seus colegas e, depois, responda: Você conhece alguém vegetariano ou vegano? Quais motivações essas pessoas têm para se tornarem vegetarianas ou veganas? Você deixaria de comer carne por uma questão ética? E religiosa?

Os livros sagrados

São muitos e antigos os livros sagrados hindus, escritos em sânscrito, uma língua considerada sagrada por eles. O mais distante no tempo é o *Rigveda*, uma coleção de hinos dedicados aos deuses escrita aproximadamente em 1500 a.C. Esses textos são do mesmo período dos Vedas. Depois há o *Upanixades*, que foi composto perto do ano 600 a.C. e fala da alma e da reencarnação.

Um dos mais importantes livros hindus é o poema *Mahabharat*, composto de 90 mil versos. Nele são descritas histórias de guerras entre famílias e de deuses agindo no mundo. Mas no *Mahabharat* há um poema à parte, que é considerado atualmente o livro mais importante da tradição hindu: o Bhagavad Gita. Nesse poema, Krishna, que é a encarnação de Deus, ensina ao jovem guerreiro Arjuna o caminho da libertação.

Roland and Sabrina Michaud/akg-images/Latinstock/Coleção particular

Manuscrito indiano do *Rigveda*, datado do século XVII.

O X DA QUESTÃO

1) No cristianismo existe o conceito de salvação em uma só existência; no hinduísmo, o conceito de libertação em várias existências. Você percebe alguma semelhança entre as duas ideias? Por quê?

2) Há muitos paralelos entre a figura de Krishna e a figura de Jesus. Conta-se que os dois nasceram de uma virgem e acredita-se que ambos eram a encarnação de Deus. E tanto um como o outro ensinavam o perdão e o bem. A que você atribui esse tipo de semelhança? Formule uma hipótese para a sua explicação.

3) Com quais caminhos praticados no hinduísmo você se identifica mais? Por quê?

BEBENDO NA FONTE HINDU

A generosidade e a ação desinteressada

O hinduísmo está cheio de belos ensinamentos morais, com lições sobre como devemos agir para fazer o bem. No livro mais antigo que conhecemos, o *Rigveda*, há um trecho sobre a generosidade, também chamada de liberalidade:

Não, os deuses não instituíram a fome como única forma de morrer: mortes (diversas) aguardam também o homem farto.

A riqueza de quem dá não se esgota,

e o avaro não encontra ninguém que tenha piedade dele. [...]

O mais forte deve dar ao mais miserável;

que ele volte os seus olhos para o caminho que se alonga!

Porque as riquezas são como as rodas de um carro;

rodam e passam de um para outro.

Rigveda. In: RENOU, Louis. *Hinduísmo*. São Paulo: Verbo, 1980. p. 77-78.

Não é só o desapego às riquezas que o hinduísmo prega. A grande mensagem do Bhagavad Gita é que devemos agir sem esperar nenhum fruto de nossas ações, isto é, devemos semear o bem sem nos preocupar se colheremos algo em troca.

A seguir transcrevemos um trecho dele, seguido de um comentário de Gandhi:

Krishna em detalhe do relevo do Bhagavad Gita gravado em um templo hindu.

Godong/UIG/Getty Images

Mondadori/Getty Images

Gandhi arrecadando dinheiro para os pobres, na Índia, 1946.

Os atos de sacrifício, caridade e austeridade não podem ser abandonados; devem ser executados, necessariamente. Para o sábio, são purificadores.

Mas mesmo estes atos devem ser executados abandonando todo apego aos frutos [...]

Bhagavad Gita segundo Gandhi. São Paulo: Ícone, 1992. p. 167.

Disse Gandhi:

[...] a renúncia aos frutos de maneira alguma significa indiferença pelo resultado. A respeito de toda ação, deve-se conhecer o resultado que se espera obter, os meios e a capacidade para isso. Aquele que, estando assim equipado, não tem desejo pelos resultados, mas está completamente concentrado no devido cumprimento da tarefa à sua frente, pode-se dizer dele que renunciou aos frutos da ação.

Por outro lado, que ninguém considere que a renúncia significa falta de frutos para o renunciante. A leitura do Gita não autoriza tal significado. Renúncia significa ausência de ânsia pelos frutos. Na realidade, aquele que renuncia recebe mil vezes mais. [...]

Bhagavad Gita segundo Gandhi. São Paulo: Ícone, 1992. p. 16.

O QUE VOCÊ ENTENDEU?

Relacione o conselho do Bhagavad Gita, comentado por Gandhi, com o engajamento em causas sociais.

AGORA É COM VOCÊ

Sob a orientação do professor, reúna-se com seus colegas em grupos e façam uma pesquisa sobre as divindades hindus. Escolham uma e escrevam de forma breve sobre ela. Depois, selecionem imagens que a representem. Com esse material, montem na sala de aula um painel sobre os deuses hindus.

FALANDO DE MEDICINA

As "medicinas alternativas"

A medicina no mundo ocidental evoluiu muito nos últimos dois séculos. Cirurgias, medicamentos, tratamentos complexos que antes não eram conhecidos são utilizados hoje. Com os avanços dessa medicina, a expectativa de vida aumentou e as dores são mais rapidamente aliviadas, embora ainda haja muitas doenças sem cura.

Muita gente considera essa medicina fria e mecanicista, isto é, vê o ser humano apenas como um corpo-máquina do qual se pode tirar e colocar peças. Não costuma olhar a parte psíquica, emocional. Não considera o ser humano por inteiro – corpo e alma.

Outra crítica é que às vezes os médicos se mostram distantes dos pacientes, que estes são tratados sem o devido afeto. E há ainda a acusação de que a medicina contemporânea está sendo muito comercializada. Apenas os ricos podem ter acesso aos seus benefícios, e a indústria farmacêutica lucra muitíssimo no mercado internacional.

Entretanto, há muitas outras medicinas, ligadas às mais diversas culturas, que vêm sendo praticadas há milênios e que apenas agora começam a ser estudadas: as chamadas "medicinas alternativas". Trata-se de uma escolha diferente em relação à medicina tradicional. Exemplos dessa medicina são a chinesa e a dos indígenas americanos. A medicina chinesa sabe como lidar com os pontos de energia do ser humano, reequilibrando sua saúde. Os indígenas sabem manipular plantas adequadas para curar os males que os atingem. E há também a medicina hindu, chamada de Ayurveda.

Essa medicina, que é praticada há pelo menos 3 mil anos, é uma medicina preventiva, isto é, procura evitar a doença antes que ela apareça no indivíduo. Ela prescreve uma dieta alimentar diferente para cada pessoa, dependendo de sua constituição energética. Para a cura de doenças já instaladas, a Ayurveda usa ervas medicinais antigas e já muito experimentadas por várias gerações.

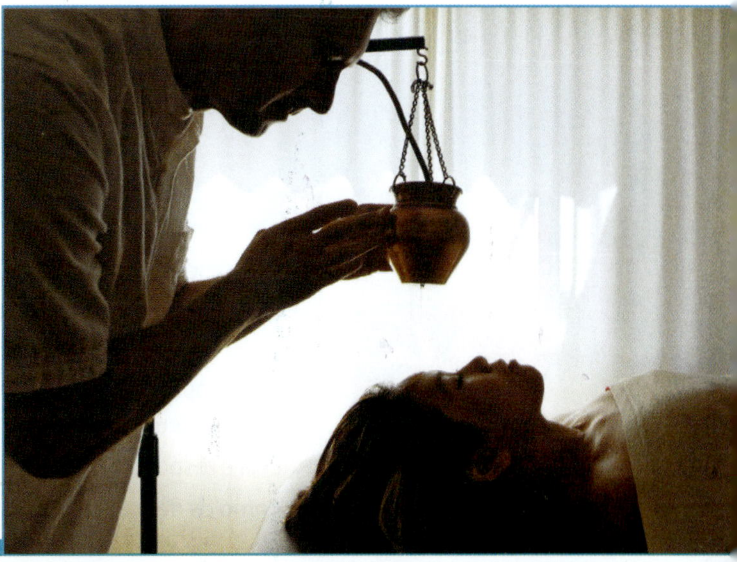

Especialista em técnica Ayurveda atende paciente, Venice, Califórnia, Estados Unidos. Foto de 2014.

Katie Falkenberg/Los Angeles Times/Getty Images

No Ocidente, no final do século XVIII e começo do XIX, houve um médico alemão, Samuel Hahnemann, que pretendeu dar um rumo revolucionário à medicina. Ele também procurava atuar sobre a parte energética do ser humano, e não apenas sobre o corpo físico. Hahnemann criou um método de cura com remédios diluídos e dinamizados (agitados), nos quais não existe mais nada da substância original, apenas sua energia. Essa medicina é a homeopatia.

Homeopatia: sistema terapêutico que consiste em tratar as doenças por meio de substâncias ministradas em doses muito pequenas, consideradas capazes de produzir, em indivíduos sãos, quadros clínicos semelhantes aos que apresentam os doentes a serem tratados.

Os representantes dessas medicinas encaram a missão do médico como a de um sacerdote, que deve zelar com dedicação e desprendimento pela saúde e pela vida dos seres humanos. Jamais o desejo puro e simples de ganhar dinheiro poderia estar em jogo ante a dor e o risco de morte de uma pessoa.

Alamy/Fotoarena

Estátua de Samuel Hahnemann, em Washington, D.C., EUA.

Mark De Fraeye/akg-images/Latinstock

Vasdya Dhanvantari, divindade suprema da medicina Ayurveda, localizada em Bombain, Índia.

AGORA É COM VOCÊ

Na sua opinião, como um médico deveria agir com seus pacientes?

Reprodução/Editora Cosac & Naify

SESSÃO DE LEITURA

O cabeça de elefante e outras histórias da mitologia indiana

Lúcia Fabrini de Almeida. São Paulo: Cosac & Naify, 2001.

O livro apresenta histórias da mitologia da Índia que envolvem as façanhas de seus deuses e heróis.

Leia e responda:

Como os deuses são retratados na obra?

FALANDO DE ARTE SACRA

Arte hindu

A arte hindu está entre as mais antigas e ricas. Poemas, músicas, danças, pinturas, esculturas, templos – tudo está representado no seio do hinduísmo de maneira variada e original. Veja a representação de alguns deuses.

François Guénet/akg-images/Latinstock

O deus Ganesha, escultura em bronze do século XVI.

Esculturas de divindades hindus em templo de Madras, Índia.

Vikrant Sardana/Alamy/Fotoarena

CM Dixon/Print Collector/Getty Images

Pintura do século XIX em homenagem de Shiva e Krishna.

SESSÃO DE CINEMA

Um casamento à indiana

Direção de Mira Nair. Delhi Dot Com/IFC Productions/Keyfilms Roma/Mirabai Films/Pandora Filmproduktion, 2001.

Filme rodado na Índia, mostrando os costumes locais que envolvem o casamento. Apesar dos problemas retratados, valoriza-se a união familiar.

Procure assistir ao filme indicado pensando nesta questão:

Qual foi, para você, a mensagem central do filme?

Reprodução/Mira Nair/Europa Filmes

DE OLHO NO MUNDO

Como a humanidade trata os animais

No hinduísmo, no budismo e entre os cristãos, sobretudo a partir de São Francisco de Assis, fala-se sobre a necessidade da compaixão pelos animais. Hoje, no mundo inteiro, inúmeras associações protetoras de animais fazem denúncias a respeito do tratamento terrível que algumas pessoas dispensam a esses seres, que também são criaturas sensíveis, que sentem dor e afeição, e para os religiosos, são também criaturas de Deus.

Além das mutilações, do abandono e das torturas praticadas contra animais domésticos, há ainda a indústria da matança. A caça, o abate nos matadouros, o extermínio das espécies e a criação de animais de maneira antinatural para depois matá-los por meio de muito sofrimento são algumas das crueldades cometidas em grande escala em todo o mundo.

Um jovem estadunidense, aluno do Trinity College em Hartford, no estado de Connecticut, fez uma visita a um matadouro e ficou chocado com o que viu:

[...] A primeira estação é a estação de abate. Nela trabalha um único homem cujo trabalho é guiar o animal até o estábulo de abate, matá-lo e começar o processo de açougue. Este estágio do processo leva cerca de dez minutos para cada animal e começa com a abertura de uma pesada porta de aço que separa o estábulo de abate da área de espera.

O homem que trabalha nesta estação deve entrar em um corredor adjacente ao pátio de espera e conduzir sua próxima vítima na área de matança com uma vara elétrica de alta-tensão. Esta é parte que demora mais tempo da operação pois o gado tem plena consciência do que os espera à frente e está determinado a não entrar na área de matança. Os sintomas físicos de terror são dolorosamente evidentes nas faces de cada animal que vi, tanto na área de matança quanto na área de espera.

Durante cerca de 40 segundos a um minuto que cada animal fica esperando na área de matança antes de perder a consciência,

Daniel Derevecki/Gazeta do Povo/Futura Press

A caça ilegal e indiscriminada destrói o equilíbrio da natureza, ameaça os diversos ecossistemas e a biodiversidade. Estima-se que mais de onze espécies tenham sido extintas nos últimos vinte anos, unicamente pela ação dos seres humanos. Na foto vemos que a ação da Polícia Federal e do Ibama, em Mato Grosso do Sul, resultou na apreensão de uma pele de onça-pintada, animal da fauna brasileira que corre risco de extinção. Foto de 2010.

o terror se torna visivelmente mais intenso. O animal podia cheirar o sangue e ver seus companheiros em vários estágios de desmembramento. Durante os poucos últimos segundos de vida, o animal desaba na área restrita do estábulo. Todas as quatro vacas cuja morte eu presenciei pulavam freneticamente, futilmente e pateticamente para o alto — a única direção que não estava bloqueada por uma porta de aço. A morte vem sob a forma de uma vara pneumática que é colocada contra a cabeça e disparada.

Pneumática: que funciona com energia de ar comprimido.

A pistola é projetada de modo que a haste jamais sai completamente, ela simplesmente vara a cabeça do animal e depois é puxada pelo açougueiro enquanto o animal desmaia. Vi isso sendo usado três ou quatro vezes, fazia o seu trabalho de primeira, mas uma vaca se debateu bastante até desmaiar. Depois que o animal desmaia, a lateral do estábulo de abate é levantada e uma corrente é colocada na pata direita. A vaca é então içada por essa perna e fica pendurada.

Neste ponto, o açougueiro drena o sangue do corpo fazendo um corte no pescoço da vaca. Quando as artérias são cortadas há uma corrente impressionante de sangue de modo que o açougueiro não consegue se afastar rapidamente e não consegue evitar levar um banho. Esta corrente de sangue quente dura cerca de 15 segundos, após a qual a única tarefa deixada pelo homem na primeira estação é esfolar o couro e remover a cabeça do animal.

David Keith Brown/Alamy/Fotoarena

Cena cotidiana da ruas indianas. Foto de 2017 em rua da cidade de Varanasi, Índia.

Wavebreak Media/Alamy/Fotoarena

Sala de armazenagem de frigorífico nos Estados Unidos. Foto de 2016.

Na segunda estação na área de matança, o animal sem cabeça é jogado no chão. O corpo é cortado na traseira, estripado e, se for fêmea, o saco de leite e as tetas são removidas. Neste momento, toda a urina e as fezes que não foram drenadas do corpo durante os primeiros segundos de morte correm soltos pelo chão. O corpo é então cortado até o meio e a pele afastada parcialmente. Uma corda é amarrada nas pernas traseiras, o corpo é levantado e o resto é puxado através de roldanas presas no chão, removendo a pele por inteiro. O corpo do animal entra então na terceira estação da área de matança para ser retalhado e cortado na metade – tornando-se duas "metades de bife".

As metades de bife são lavadas e pesadas na quarta e última estação de matança. Elas são colocadas então num armário de refrigeração onde o calor restante da vida lentamente se esvai antes de prosseguir para o freezer de supercongelamento. Do armário de refrigeração, a carne prossegue para a área de armazenamento principal onde fica por até uma semana. Este armário tem uma saída para a área de açougue onde as laterais de carne são reduzidas em partes para serem enviadas aos supermercados e, posteriormente, chegarem até as mesas de refeição.

A parada final em meu 'tour' foi a fábrica de salsichas e linguiças. Sempre dizem que se alguém pudesse ver o que tem dentro de uma salsicha jamais comeria uma novamente. Bem, esse ditado se aplica dez vezes mais à produção de linguiça. O cheiro mais violentamente nauseante que jamais senti foi o que vinha dos tanques de fervura da carne para linguiça.

Quando saía do complexo, estava envergonhado quanto ao meu ceticismo anterior e encorajo a qualquer um que tenha dúvidas como as que eu tinha, que faça uma visita a um matadouro ou passe um dia em uma fazenda fábrica. Creio que tenha ficado claro que deve existir uma forma melhor de nos alimentarmos e que é nossa missão, como seres capazes moralmente, perseguir formas alternativas.

GIFFORD, Dave. *Visita a um matadouro.*
Disponível em: <www.anda.jor.br/2009/04/visita-a-um-matadouro/>. Acesso em: 19 maio 2018.

SESSÃO DE MÚSICA

Ravi Shankar

Ouça algumas músicas do indiano Ravi Shankar, que tocava cítara, um instrumento original e melodioso.

Escolha uma música dele e coloque como fundo para a meditação e responda:

Quais sensações a música e a meditação trazem para você?

Ted Streshinsky/Corbis/Getty Images

E PARA TERMINAR

1) O poeta indiano Rabindranath Tagore (1861-1941) escreveu a seguinte poesia sobre a morte:

Ó tu, última realização da vida,
Morte, minha morte, vem e sussurra para mim!

Dia após dia, mantive-me com os olhos em ti
Por ti, fiz nascer as alegrias e aflições da vida.

Tudo o que sou, o que tenho, o que espero e todo meu amor,
Sempre floresceram em direção a ti, no profundo secreto.

A um brilho final dos teus olhos
E toda minha vida será para sempre tua.

As flores foram tecidas
E a grinalda está pronta para o noivo.

Depois do casamento, a noiva deixará sua casa
E encontrará seu senhor sozinha na solidão da noite.

TAGORE, Rabindranath. *Death.*
Disponível em: <www.best-poems.net/poem/death-by-rabindranath-tagore.html>.
Acesso em: 30 abr. 2018. Tradução dos autores.

Hulton Archive/Getty Images

Rabindranath Tagore. Foto tirada por volta de 1900.

a) Qual a impressão imediata que esse poema causou em você? Explique.

b) Há uma grande poesia na morte, descrita pelo autor. Como ele encara a morte? Você acha que existe relação entre essa visão e os conceitos do hinduísmo?

2) O que mais tocou você neste capítulo? Por quê?

Guia luminosa das liberalidades, ela apareceu: radiosa, abriu-nos as portas. Pôs em sobressalto o mundo dos vivos, e revelou-nos as riquezas: a Aurora despertou todos os seres.

Àquele que estava deitado, ela incita a caminhar, a liberal; a um outro, a deixar o seu alimento ou o seu dinheiro. Aos que têm vista fraca, fá-los ver ao longe: a Aurora despertou todos os seres.

Este busca o dominar, aquele o renome, este outro a honra, aquele outro parte para qualquer objetivo. A fim de que eles considerem os diversos modos de existência, a Aurora despertou todos os seres. [...]

Recalcando ódios, guardiã da Ordem e nascida da Ordem, rica de favores, estimuladora de benefícios, feliz em presságios e sendo portadora do divino convite: brilha mais agora, Aurora! Tu és a mais bela de todas.

Até agora a deusa Aurora sempre se ergueu. Ainda hoje ela apareceu generosa. Levantar-se-á também nos dias que estão para vir. Sem envelhecer, sem morrer, ela caminha segundo as suas leis.

Rigveda.

In: RENOU, Louis. *Hinduísmo*. São Paulo: Verbo, 1980. p. 70-71.

The Asahi Shimbun/Getty Images

Monges budistas rezando diante da estátua do Grande Buda no templo Kotokuin, em memória das vítimas do terremoto ocorrido na região leste do Japão em 2011. Kamakura, Japão, 2015.

11

A iluminação budista

A origem do budismo

Iluminação: saber; a luz do conhecimento espiritual.

O budismo começou com a história do príncipe Siddartha Gautama, que um dia abandonou seu palácio, sua família, suas riquezas e seu poder para ir em busca da iluminação. Atingiu o "estado de Buda" – o iluminado – e passou a pregar pelos quatro cantos da Índia uma nova doutrina de libertação. Nascido no seio do hinduísmo, o budismo saiu de sua terra natal e espalhou-se pelo mundo, tornando-se uma religião importante na China, no Japão, no Nepal, no Sri Lanka e no Tibete.

Atualmente o budismo é a quarta maior religião do mundo (em número de adeptos), vindo depois do cristianismo, do islamismo e do hinduísmo.

Album/Fotoarena

Príncipe Siddartha Gautama cortando seu próprio cabelo com um sabre depois de ter saído do palácio em busca de conhecimento. Ao lado esquerdo de Siddartha se encontra Brahma, divindade suprema do hinduísmo, e, no céu, Indra, deus hindu das tempestades. Afresco do templo budista Wat Ratcha Sitaram em Thon Buri, na cidade de Bangcoc, Tailândia.

Religião ou filosofia?

O *Canon Pali* foi escrito em 729 peças de mármore com aproximadamente 100 linhas cada uma.

Album/Fotoarena

O budismo tem muitas escolas ou correntes. É um movimento livre, que se foi fazendo diferente em cada cultura em que penetrou.

O **budismo theravada**, chamado também de budismo do sul, desenvolveu-se na Tailândia, em Myanmar, no Camboja e no Laos. *Theravada* quer dizer "o caminho dos mais velhos". Essa escola pretende seguir os ensinamentos puros de Buda, que estão contidos no *Canon Pali* (o conjunto de livros mais antigos do budismo).

O **budismo mahayana**, chamado também de budismo do norte, e que significa "grande veículo", é encontrado na China, no Japão, na Coreia do Sul, no Tibete e na Mongólia. Esse budismo adaptou certas práticas e ideias presentes nas religiões locais, sobretudo o hinduísmo.

Há também o **zen-budismo** e o **budismo tibetano**, que são predominantes no Japão e no Tibete, respectivamente.

Entre as diversas escolas há pontos comuns, que são a identidade budista. Alguns desses pontos deixam certas pessoas (inclusive budistas) em dúvida se o budismo é realmente uma religião ou uma filosofia; se é uma forma de culto ou um caminho de autoconhecimento. Às vezes, compara-se o budismo à psicologia desenvolvida no mundo ocidental.

Antigo templo budista Borobudur, em Java, Indonésia, 2017.

Alamy/Fotoarena

Uma religião sem Deus

O budismo é uma das poucas religiões, ou talvez a única, em que não se acredita numa divindade suprema. O que se conta é que Buda nem defendeu nem negou a existência de Deus. Ao que parece, ele não considerava importante essa crença para atingir a iluminação. Gandhi, ao contrário, achava que Buda acreditava num Deus que faz as leis que regulam a vida, mas não aceitava um Deus que quisesse sacrifícios humanos, como se fazia em sua época.

O que Buda pretendia – e é esse o propósito do budismo – era libertar os seres humanos do sofrimento. Essa libertação é obra individual. Cada um deve percorrer o seu próprio caminho, que passa por múltiplas vidas, através da reencarnação, e a libertação é não ter mais de reencarnar, saindo do ciclo de vidas e atingindo o nirvana.

Nirvana: no budismo, é um estado de felicidade, um estado de paz e plenitude absoluto; ausência total de sofrimentos e de desejos.

Se pensarmos nessa linha, parece mesmo que o budismo é antes uma prática de autoconhecimento do que uma religião convencional. Mas os budistas também oram, também têm cultos e monges-sacerdotes – tudo o que é típico das religiões. E acreditam que existam seres, chamados de *bodhisattvas*, que alcançaram o estado de iluminação, mas permanecem conosco, por compaixão, para ajudar todos os seres. O ideal do *bodhisattva* revela que o valor mais importante para o budismo é a compaixão.

Album/Fotoarena/Coleção particular

Avalokiteshvara, que significa "Senhor que olha para baixo", é o *bodhisattva* que personifica a suprema compaixão de todos os budas. Ele é um dos mais reverenciados do budismo mahayana. Afresco do século XIII em templo budista em Lassa, Tibete.

O bodhisattva *é um ideal do Budismo Mahayana que consiste em fazer a árdua jornada para se tornar um* Buddha *através da ajuda a todas as criaturas que sofrem. Quem se entrega à luta, longa e difícil, de se tornar um* Buddha *é motivado pela compaixão universal (*karuna*) – pela vontade altruística de ajudar todos os seres a se libertar do sofrimento (*duhkha*) que assola todas as criaturas sencientes. O comprometimento com a condição de* bodhisattva*, na visão Mahayana, envolve uma devoção ao bem-estar de toda a comunidade humana e das outras criaturas vivas. Assim, a perspectiva Mahayana de redenção universal foi uma ideia poderosa que contribui para a Mahayana se tornar uma potência no Budismo do Tibete e da Ásia oriental.*

A figura do bodhisattva *não é exclusiva do Mahayana e, em todas as tradições, todos os* Buddhas *teriam tido um passado como* bodhisattva*. Nos relatos tradicionais não Mahayana, é depois de entrar em contato com um* Buddha *que o adepto se compromete a aderir ao modo de vida* bodhisattva*. [...]*

BODHISATTVA, ideal de compaixão. Disponível em: <www.comprazen.com.br/>. Acesso em: 2 maio 2018.

As quatro nobres verdades

Todos os budistas acreditam nas quatro verdades principais ensinadas por Buda:

1. Tudo é sofrimento.
2. O sofrimento tem origem nos desejos.
3. A libertação se dá por meio da eliminação dos desejos.
4. Para isso, é preciso trilhar o "caminho do meio".

O "caminho do meio" também é chamado de "caminho óctuplo", ou *dharma*, pois a pessoa deve dar oito passos para estar nele, sendo esses passos simultâneos.

O caminho do meio consiste em:

1. concepção ou opinião correta (ou justa);
2. pensamento correto;
3. palavra correta;
4. atividade correta;
5. meios de existência corretos;
6. esforço mental correto;
7. atenção correta;
8. concentração correta.

Eye Ubiquitous/UIG/Getty Images

A roda do *dharma*, que simboliza a unidade de todas as coisas. Localizada no telhado do templo Jokhang, Tibete. Foto de 2008.

O que é a meditação?

Shyam Sharma/Hindustan Times/Getty Images

Dalai Lama em palestra em Dharamshala, Índia, 2018.

É verdade que os budistas oram para Buda e para os diferentes *bodhisattvas*, mas a principal prática budista é a meditação, também presente no hinduísmo. Segundo o Dalai Lama, líder do budismo tibetano, prêmio Nobel da Paz, a meditação é uma disciplina espiritual que nos permite ter algum controle sobre nossos pensamentos e emoções.

Trata-se, assim, de treinar a mente para a concentração, para a percepção correta das coisas e para o autodomínio. Explicam os budistas que nossa mente viaja demais, está sempre inquieta, pensando em mil coisas sem se fixar em nada. Daí a dificuldade para estudar, ler, concentrar-se em algum trabalho produtivo. A meditação ajuda a mente a ficar mais focada.

A função da meditação, porém, vai mais longe no budismo: trata-se de, por meio dela, perceber que nada é permanente, que o *eu* não existe e que a mente deve esvaziar-se completamente de tudo o que é mundano para atingir a felicidade.

Dimas Ardian/Getty Images

Monges budistas meditando no jardim do templo Borobudur, por ocasião das celebrações do Vesak (dia do "nascimento, da iluminação e do alcance do nirvana de Buda"). Java, Indonésia, 2007.

O X DA QUESTÃO

1) Pesquise no dicionário o significado das palavras *psicologia* e *filosofia*. Depois, dê a sua opinião: o budismo é religião?

2) Você se identifica com alguma ideia do budismo? Qual? Por quê?

3) Meditar é diferente de orar. Como você definiria as duas ações?

4) Uma ideia polêmica – e difícil de entender – do budismo é a seguinte: os budistas acreditam na reencarnação e na lei de causa e efeito, isto é, colhemos o que semeamos em outras existências; portanto, somos seres reencarnados, enfrentando na vida problemas e tendências que trazemos do passado. Ao mesmo tempo, os budistas negam a existência de uma alma individual. Ora, se há reencarnação e também causa e efeito, mas não há alma individual, quem é que reencarna? Os budistas alegam que a contradição faz parte da realidade. Alguns críticos ocidentais dizem que o budismo é niilista, ou seja, defende a ideia do nada.

   Sob a orientação do professor, debata o assunto com seus colegas e, depois, responda:

   É possível conciliar as duas ideias: a da reencarnação e a do não ser?

Lei de causa e efeito: segundo o budismo, é a lei pela qual toda ação positiva ou negativa desencadeia uma reação, também positiva ou negativa. Assim, nossas ações no presente podem trazer consequências em vidas futuras, bem como fatos de nossa vida atual podem ser fruto de vidas passadas.

Niilista: aquele que descrê de tudo. O niilismo é a posição filosófica que prega o nada (a não existência de algo). Para o niilista, nada existe depois da morte.

BEBENDO NA FONTE BUDISTA

O acordo entre as escolas

Em 1966, no Sri Lanka, reuniram-se representantes das duas principais escolas budistas, a theravada e a mahayana, para afirmar os pontos comuns do budismo, registrados em um documento redigido pelo monge Walpola Rahula (1907-1997), do qual destacamos alguns itens:

1. Buda é o nosso único mestre.

2. Temos refúgio em Buda, em seus ensinamentos e práticas e na comunidade de todos os budistas.

3. Não acreditamos que esse mundo seja criado e governado por um Deus.

Reprodução/World Buddhist Sangha Council

O acordo entre as escolas budistas foi redigido pelo monge Walpola Rahula em 1966, em Colombo, no Sri Lanka. Na foto, Rahula (o segundo monge, da esquerda para a direita) caminha com outros líderes budistas em 1969, em Saigon, Vietnã, durante a 2ª Conferência Geral do Conselho Budista Mundial.

4. Seguindo o exemplo de Buda, que é a encarnação da Grande Compaixão e da Grande Sabedoria, consideramos que o objetivo da vida é desenvolver compaixão por todos os seres vivos, sem discriminação, e trabalhar por seu bem, felicidade e paz, e desenvolver a sabedoria que leva à realização da última verdade.

5. Aceitamos as quatro nobres verdades [...].

6. Entendemos, de acordo com o ensinamento de Buda, que todas as coisas condicionadas não têm permanência e são cheias de sofrimento, e que todas as coisas condicionadas ou incondicionadas não têm um eu.

RAHULA, Walpola. *The heritage of the Bhikkhu.* Nova York: Grove Press, 1974. Disponível em: <www.budsas.org/>. Acesso em: 2 maio 2018. Tradução dos autores.

O QUE VOCÊ ENTENDEU?

Você concorda com o item 4? Por quê? Combina com sua proposta de vida? Por quê?

SESSÃO DE CINEMA

Reprodução/Naomi Kawase/California Filmes

O segredo das águas

Direção de Naomi Kawase. California Filmes, 2015.

A história se passa em uma ilha japonesa. Em uma noite qualquer, o jovem Kaito encontra um cadáver na praia. Ele e sua namorada Kyoko vão tentar entender o que aconteceu em uma história que mostra um pouco sobre a cultura oriental e sua relação com os ciclos da vida.

Procure assistir ao filme indicado pensando nesta questão:

Qual é a diferença entre a maneira como os personagens lidam com a morte no filme e a cultura ocidental?

O preparo da morte

O livro tibetano dos mortos (*Bardo Thödol*) é um dos mais importantes do budismo tibetano. Foi escrito no século VIII d.C. e trata dos rituais e das meditações para preparar a pessoa para a morte. O objetivo é tornar a morte um ato consciente, fazendo com que o medo desapareça e proporcionando a oportunidade de iluminação do ser, ou que ele passe com segurança pelo período entre a morte e o renascimento.

Quando todos os sintomas (da morte) estiverem prestes a ser completados, então imponha (àquele que está morrendo) essa resolução, falando em voz baixa no ouvido:

Ó nobremente nascido [...] não deixe sua mente se distrair. [...]

Ó nobremente nascido, aquilo que é chamado a morte está vindo a ti agora, resolva assim: "O agora é a hora da morte. Aproveitando-me dessa morte, agirei assim, para o bem de todos os seres sencientes, povoando a extensão ilimitada dos céus, a fim de obter o estado de Buda perfeito, resolvendo em amor e compaixão para (eles, e direcionando todo o meu esforço para) a única perfeição."

EVANS-WENTZ, W. Y. (Org.). *The tibetan book of the dead.* Londres: Oxford University Press, 2000. p. 94. Tradução dos autores.

Afresco mostrando um dos discípulos pegando um dente de Buda como relíquia durante a cremação do corpo do mestre na pira de sândalo. Localizado no templo da Relíquia do Dente ou Sri Dalada Maligawa, na cidade de Kandy, Sri Lanka.

SuperStock/Getty Images

O QUE VOCÊ ENTENDEU?

O livro tibetano dos mortos e seu objetivo de fazer o momento da morte um ato consciente é uma diferença cultural em relação à ideia da morte na cultura ocidental, que, de uma maneira geral, não reflete sobre o tema e busca negar a morte como se ela nunca fosse acontecer.

Comente sobre a diferença na visão da morte entre a cultura oriental, falando especificamente sobre o budismo, e a cultura ocidental. Você acredita que se preparar e ser consciente de que a morte pode acontecer em qualquer momento ajuda a agirmos de forma mais presente e conforme o "caminho do meio"?

FALANDO DE HISTÓRIA

A história de um rei sábio

Por volta de 270 a.C., havia na Índia um rei muito poderoso, chamado Ashoka, filho do rei Bindusara. Para organizar o seu vasto império e estabelecer-se como soberano, sabe-se que ele promoveu uma grande guerra em que morreram 100 mil pessoas e mais de 150 mil foram deportadas ou feridas. Mas, alguns anos depois, Ashoka arrependeu-se muito por todas essas mortes e violência. Converteu-se ao budismo e se tornou um rei mais justo e sábio. A seu respeito, o historiador inglês Herbert G. Wells (1866-1946) disse:

> *Em meio aos milhares de nomes de monarcas que povoam as colunas da história, o nome de Ashoka brilha, e brilha quase sozinho, como uma estrela.*

WELLS, H. G. *The outline of history*. 4. ed. Nova York: Garden City Books, 1923. v. 2. p. 446. Tradução dos autores.

De 262 a 232 a.C., Ashoka reinou de maneira muito diferente daquela como costumavam governar os outros reis. Em primeiro lugar, ele estabeleceu o princípio da não violência em relação aos seres humanos, aos animais e até mesmo às plantas: deu o perdão a inúmeros prisioneiros condenados à morte, proibiu o sacrifício de animais e passou a proteger as florestas. Pedia a seu povo que não praticasse mais violência, que seguisse o caminho do respeito à vida, da benevolência para com todas as criaturas, e mandava recados aos povos vizinhos dizendo que jamais se lançaria de novo a uma guerra de conquista.

O mais interessante é que ele criou uma equipe de pessoas de confiança, que percorriam o reino, indo aos lugares mais longínquos, para dar instruções ao povo de como agir bem e estimular a paz entre todos. Mandou plantar árvores frutíferas e ervas medicinais em toda a Índia para alimentar e curar o povo e os animais.

Age Fotostock/Easypix Brasil

O relevo mostra o momento em que Ashoka, após participar de uma carnificina em meio à guerra, decide se converter ao budismo, renunciando à violência, prostrando-se por terra e colocando sua espada aos pés de Buda. Esculpido na Pagoda da Paz, na colina de Dauli, em Orissa, Índia.

Em uma época em que não havia comunicação de massa, Ashoka encontrou uma forma original de dar sua mensagem à população. Espalhou pilares de pedra em toda a Índia, nos quais deixou esculpidas as suas recomendações, chamadas de éditos, sempre se referindo a si mesmo como "o bem-amado dos deuses". Esses pilares foram encontrados no século XIX e confirmam a história de Ashoka, uma vez que durante muito tempo acreditou-se que poderia ser apenas uma lenda.

Algo original para a época e que só agora começamos a tentar implantar no mundo era a ideia de Ashoka de tolerância, respeito e diálogo entre as diversas religiões. Dizia ele:

Todos deveriam ouvir e respeitar as doutrinas aceitas pelos outros. O bem-amado dos deuses deseja que todos sejam instruídos nas boas doutrinas das outras religiões.

DHAMMIKA, Ven. S. *The edicts of king Ashoka*. DharmaNet Edition, 1994. Disponível em: <www.cs.colostate.edu/~malaiya/ashoka.html>. Acesso em: 3 maio 2018. Tradução dos autores.

Para que isso fosse posto em prática, criou um departamento de assuntos religiosos cuja função era cuidar das diversas religiões e estimular a sua prática.

A respeito de seu compromisso com o bem-estar do povo, dizia ele:

Nunca me canso de me empenhar ou de despachar. Em verdade, eu considero que o bem-estar de todos é meu dever, e isso se dá no esforço e no pronto cuidado de todos os negócios. Não há melhor trabalho do que promover o bem-estar de todo o povo e quaisquer que sejam os esforços que eu esteja fazendo é para pagar a dívida que tenho com todos os seres, assegurando sua felicidade nesta vida e o alcance do céu na próxima.

DHAMMIKA, Ven. S. *The edicts of king Ashoka*. DharmaNet Edition, 1994. Disponível em: <www.cs.colostate.edu/>. Acesso em: 3 maio 2018. Tradução dos autores.

AGORA É COM VOCÊ

1) Você considera possível governar apenas para o bem do povo, sem interesses pessoais? Justifique sua resposta.

2) Com base nessas informações a respeito do rei Ashoka e em outras que podem ser pesquisadas, forme um grupo com seus colegas, escrevam uma peça de teatro sobre a vida desse rei e encenem na sala de aula. Podem incluir pesquisa de música indiana, roupas e costumes para tornar a encenação mais realista.

A Grande Estupa de Sanchi, Índia, construída pelo rei Ashoka no século III a.C., é considerada um dos monumentos mais antigos do budismo. Estupas são construções destinadas a guardar relíquias de Buda. Acredita-se que em Sanchi foram guardadas as cinzas do corpo de Buda. Os quatro grandes portais são chamados toranas, e cada um está voltado para um ponto cardeal e é ornamentado com esculturas e cenas da vida de Buda. Em 1989 a Unesco definiu o local como Patrimônio Mundial da Humanidade. Foto de 2014.

Alamy/Fotoarena

FALANDO DE ARTE SACRA

Arte budista

A arte budista é muito variada: templos, pinturas, estátuas. Uma de suas mais constantes representações é justamente a do próprio Buda, venerado em toda parte. Essas imagens estão carregadas de simbolismos. Buda quase sempre aparece na posição de lótus (com as pernas cruzadas), a posição que se adota para a meditação. As mãos podem acenar com diferentes gestos, cada qual com um significado diferente. Esses gestos são chamados mudras. Veja alguns deles.

Alamy/Fotoarena

Mudra do "tocar a terra": simboliza a superação da ilusão por meio da meditação. Thimphu, Butão, 2017.

Dennis Fischer/Getty Images

Mudra da proteção: simboliza a coragem e a superação de sentimentos como a inveja. Ilha Lantau, Hong Kong, 2017.

M.Torres/iStockphoto/Getty Images

Mudra do debate: da explicação associada à meditação, nasce o entendimento. Colombo, Sri Lanka, 2017.

Alamy/Fotoarena

Mudra da meditação: o canal de energia associado à mente iluminada passa pelos dedos polegares. Chiang Rai, Tailândia, 2017.

DE OLHO NO BRASIL

Não deixe o budismo desaparecer no Brasil!

Enquanto algumas linhas do budismo atraem os brasileiros ao difundir a prática da meditação ou os best-sellers *de Dalai Lama, a Escola da Terra Pura – primeira ramificação budista a fundar um templo no País – corre o risco de desaparecer. A tradição (ou linha) surgiu no século XIII no Japão, onde é chamada de Jôdo Shinshu, e cruzou o mundo nos primeiros navios de imigrantes. Hoje, são 62 templos espalhados pelo Brasil. No entanto, 24 estão fechados. Mesmo onde há monge, o número cada vez menor de fiéis é motivo de preocupação. São tão poucos que a tradicional cerimônia realizada diariamente às sete da manhã foi suspensa na maioria dos templos. Onde ocorre, não chega a dez o número de presentes. [...]*

Uma boa imagem do abandono é a porta, sempre fechada, do primeiro templo budista do país, fundado em 1932 no município de Cafelândia, a 400 quilômetros de São Paulo. "Antes era um galpão feito de madeira. Meu pai foi um dos construtores", conta Issao Makino, 81 anos, que guarda as chaves da casa sagrada desde a morte, há dois anos, do último monge residente. Hoje, só há cerimônia no local uma vez ao mês, quando a reverenda japonesa Chijo Okayama deixa o mosteiro de Lins, também no interior paulista, para ir à cidade: para suprir a falta de missionários, é comum que um único monge peregrine por diversos municípios. Makino lamenta. "Às vezes, chega turista do Japão para visitar o templo e encontra tudo fechado. Deveriam ter mais consideração com o primeiro templo do país."

Um dos principais obstáculos para a difusão da doutrina entre os mais jovens é a pronúncia japonesa utilizada na leitura dos sutras (discursos feitos por Buda e compilados por discípulos, normalmente grafados em chinês). Netos e bisnetos de imigrantes já não conhecem o idioma. "Esse budismo ficou restrito à colônia, que sempre encarou o templo como espaço de convívio social, onde era possível matar saudade do Japão e falar a língua nativa", conta Frank Uzarski, professor de Ciências da Religião da PUC de São Paulo. Por isso, as tentativas de adaptar a doutrina foram rejeitadas pelos mais velhos. Hoje, projetos de tradução de textos sagrados voltam à cena para impedir o esvaziamento dos templos. Em muitos, a língua oriental ainda é usada até para atender o telefone.

Outra característica da Terra Pura que a distancia dos brasileiros é o costume de reverenciar os antepassados. É uma prática que atrai muitos fiéis, mas não é costume no país. "Realizamos até 30 cerimônias desse tipo em um único domingo", conta o reverendo Marco Takaaki Yasunaka, de São Paulo. Para cada sessão, a família costuma desembolsar um salário mínimo. "Esse budismo de imigração tem de morrer para nascer o budismo missionário", defende Ricardo Mário Gonçalves, um dos primeiros brasileiros sem ascendência oriental a se

TV TEM/G1

Cerimônia budista no primeiro templo aberto no Brasil, na cidade de Cafelândia (SP). Foto de 2017.

tornar reverendo. "Se nada mudar, quando o último imigrante falecer, só restará aos missionários fechar os templos e regressar ao Japão", afirma. Há 25 anos, Ricardo foi chamado por seu superior para produzir material de divulgação em português que contemplasse as especificidades locais. Os resultados foram insuficientes. Hoje, todos os monges têm sido instigados a agir de modo a revigorar a religião no país. "Vim do Japão com a missão de achar uma criança que se dispusesse a virar monge. Estou aqui há seis anos e ainda não a encontrei", revela o monge Kazuhiko Hirose, 75 anos, responsável pelo templo Higashi, de Bastos, no interior paulista.

Próximo dali, em Lins, a reverenda Chijo Okayama conseguiu fazer um sucessor. O jovem Fábio Takahashi, 26 anos, deixou a cidade há oito para trabalhar em uma fábrica de componentes eletrônicos no Japão. Acabou ingressando em uma escola de budismo e agora pretende trocar Kioto por São Paulo. "Espero assumir o templo de Lins quando a reverenda se aposentar e vou trabalhar para divulgar nossa doutrina", promete o jovem monge. Na cidade, crianças e jovens foram atraídos pelas diversas dinâmicas criadas pela reverenda Okayama. Aos sábados, há aulas de japonês, dança e videokê. Uma vez por mês, o lugar se transforma em um grande refeitório onde é servido um yakisoba comunitário. O banquete faz o maior sucesso. Em cada evento, são vendidas mais de mil porções ao custo de R$ 5, o que garante o dinheiro necessário para a manutenção do mosteiro. Dona de casa e mãe de quatro filhos, a reverenda Okayama se desdobra para cumprir as obrigações religiosas em Lins e visitar sete cidades da região, que não têm monge. "É muito trabalho para uma única pessoa", desabafa. Quando forem vencidos os obstáculos de língua e cultura, talvez ela consiga alguém para ajudá-la.

RODRIGUES, Alan; VANNUCHI, Camilo. Não deixe o budismo desaparecer no Brasil! *Istoé*, 13 jan. 2016. Disponível em: <https://istoe.com.br/>. Acesso em: 18 maio 2018.

FALANDO DE SEXUALIDADE

Sexualidade e equilíbrio

Todas as religiões procuram orientar os adeptos sobre a conduta sexual mais condizente com os valores de cada uma. Pode-se dizer, entretanto, que várias das grandes religiões concordam no essencial: a necessidade de regular de alguma forma o desejo sexual para que ele não se torne excessivo. Aconselham autodisciplina (ou seja, não é para fazer o que se quer, a qualquer momento, de qualquer maneira), responsabilidade, compromisso e o direcionamento da sexualidade de forma construtiva e amorosa, na formação da família. Judeus, católicos, islâmicos, hindus e budistas concordam nesse ponto.

Dentro da sua proposta de diminuir – extinguir até – o desejo para que o ser humano se liberte do ciclo de reencarnações, o budismo aconselha a moderação.

Ocorre que hoje em dia a realidade do mundo se opõe demais aos discursos religiosos de moderação e disciplina. No mundo contemporâneo, tudo gira em torno do prazer. As pessoas são estimuladas pela publicidade a buscar o prazer antes de tudo, sem muita preocupação com o sentimento, a responsabilidade, o compromisso.

Como o próprio budismo prevê, isso evidentemente gera insatisfação, sofrimento e solidão.

Atualmente as religiões têm o discernimento de dizer (antigamente nem sempre tiveram essa visão equilibrada) que o impulso sexual não é um pecado, uma mancha, algo a ser desprezado ou evitado. Mas deve ser cultivado com responsabilidade, consigo mesmo e com o outro; com sentimento, respeito, compromisso, lembrando sempre que é pelo sexo que a vida se manifesta no mundo e que o corpo humano também é sagrado.

Ben Pipe/Getty Images

Muitas vezes a adolescência é um período difícil. Nessa fase acontecem diversas mudanças físicas e hormonais. Portanto, é preciso buscar equilíbrio em todas as relações humanas e, acima de tudo, sempre respeitar o próximo. Casal em Londres, 2014.

SESSÃO DE CINEMA

O pequeno Buda

Direção de Bernardo Bertolucci. Miramax, 1993.

A história se passa simultaneamente no século XX e no tempo do príncipe Siddartha Gautama. Enquanto, no presente, procura-se uma criança que é a reencarnação de Buda, no passado conta-se a história de Gautama, sua saída de casa e sua iluminação.

Procure assistir ao filme indicado pensando nesta questão:

Como é tratada a ideia da reencarnação no filme, segundo o budismo?

Reprodução/Bernardo Bertolucci/Miramax

E PARA TERMINAR

1) Fernando Pessoa (1888-1935), um dos mais brilhantes poetas portugueses, algumas vezes expressou em sua poesia um caráter oriental. Leia o poema e depois responda às questões.

Em outro mundo, onde a vontade é lei,
Livremente escolhi aquela vida
Com que primeiro neste mundo entrei.
Livre, a ela fiquei preso e eu a paguei
Com o preço das vidas subsequentes
De que ela é a causa, o deus; e esses entes,
Por ser quem fui, serão o que serei.

Por que pesa em meu corpo e minha mente
Esta miséria de sofrer? Não foi
Minha a culpa e a razão do que me dói.

Não tenho hoje memória, neste sonho
Que sou de mim, de quanto quis ser eu.
Nada de nada surge do medonho
Abismo de quem sou em Deus, do meu
Ser anterior a mim, a me dizer
Quem sou, esse que fui quando no céu,
Ou o que chamam céu, pude querer.

Sou entre mim e mim o intervalo —
Eu, o que uso esta forma definida
De onde para outra ulterior resvalo.
Em outro mundo [...]

PESSOA, Fernando. *Em outro mundo, onde a vontade é lei.* Disponível em: <http://arquivopessoa.net/textos/938>. Acesso em: 11 maio 2018.

Apic/Getty Images

Fernando Pessoa em 1914, com 26 anos.

a) Quais ideias budistas você identifica no poema?

b) Que impressão esse poema lhe causou?

2) A sexualidade é um assunto polêmico: é tão perigoso adotar uma postura repressiva e cheia de tabus (como era antigamente) quanto ter uma postura descompromissada (como ocorre hoje em dia). Pesquise o que a sua religião orienta a esse respeito. Você pode recorrer a livros, a entrevistas com líderes religiosos ou mesmo a pessoas da sua família. Se você não tiver nenhuma religião, faça a pesquisa com base em uma religião que lhe interesse ou em autores não religiosos, como filósofos ou psicólogos. Resuma o que encontrou e depois debata em sala de aula a respeito.

"

Quem é hábil no que é benéfico, desejando alcançar
aquele estado de paz, age assim:
capaz, correto, honrado,
com a linguagem nobre, gentil e sem arrogância,

Satisfeito e fácil de sustentar,
sem ser exigente por natureza, frugal no seu modo de vida,
os sentidos acalmados, sábio,
moderado, sem cobiçar ganhos. [...]

Tal qual uma mãe, colocando em risco a própria vida,
ama e protege o seu filho, o seu único filho,
da mesma forma, abraçando todos os seres,
cultive um coração sem limites.

Com amor e bondade para todo o universo,
cultive um coração sem limites:
Acima, abaixo e em toda a volta,
desobstruído, livre da raiva e da má vontade.

Quer seja parado, andando,
sentado, ou deitado,
sempre que estiver desperto,
cultive essa atenção plena:
a isto se denomina uma morada divina
no aqui e agora. [...]

Buda.

Karaniya Metta Sutta. Disponível em: <www.acessoaoinsight.net/>. Acesso em: 3 maio 2018.

"

James Strachan/Getty Images

12
A fé do islã

Muçulmana rezando diante da porta que dá acesso ao salão das orações (*musalla*) da mesquita Nasir al-Mulk, também conhecida como Mesquita Rosa, inaugurada em 1888, em Shiraz, Irã. Foto de 2016.

Importância cultural

Muitas mídias citam o Alcorão e a cultura do islã de maneira superficial. Em geral as pessoas não conhecem quais os seus ensinamentos e qual a relevância dessa cultura. Pouca gente sabe que a cultura islâmica é rica e já ofereceu ao mundo séculos de arte, filosofia, matemática e arquitetura.

Milhões de pessoas consideram o Alcorão a palavra de Deus da mesma forma que os cristãos consideram a Bíblia. As leis penais, civis e morais de aproximadamente quarenta países se fundamentam no Alcorão.

O islamismo nasceu entre os árabes, mas hoje apenas 15% dos muçulmanos são árabes. Trata-se da segunda religião do mundo em número de adeptos, que vivem em sua maioria na Ásia e na África.

O livro sagrado

Escrito originalmente em árabe, o Alcorão é o livro que fundou o islamismo, uma das três maiores religiões monoteístas do mundo. Para os muçulmanos, o Alcorão é a palavra de Deus ditada ao profeta Maomé pelo anjo Gabriel. Depois de Adão, Deus sempre mandou profetas aos seres humanos para guiá-los no caminho da felicidade. O último profeta foi Maomé, que veio dar a definitiva revelação, que está nas linhas do Alcorão.

O livro foi revelado ao profeta Maomé ao longo de 23 anos. Sua divisão é feita em 114 suras (capítulos). A extensão das suras é desigual. As mais longas demoraram vários anos para serem reveladas. Interessante é que Maomé não sabia ler nem escrever. Os trechos eram ditados por ele a seus seguidores, que os anotavam e guardavam na memória. Uma parte do livro foi revelada ao profeta em Meca, onde nasceu; a outra, em Medina, onde morreu.

Album/Fotoarena/Biblioteca do Palácio Topkapi, Istambul, Turquia

Maomé e o anjo Gabriel. Ilustração de um livro do século XVI sobre a vida de Maomé.

Segundo o Alcorão, Deus sustenta espiritualmente todos os seres humanos e é muito misericordioso. Mas os seres humanos não podem conhecê-lo por si mesmos pela razão, mas apenas quando Deus, por sua vontade, se revela a eles.

No Alcorão há leis rígidas e, ao mesmo tempo, princípios de amor, justiça, indulgência e perdão. O comportamento social das pessoas está detalhadamente previsto nele: desde a higiene pessoal, a maneira de se vestir e andar, como dirigir-se ao profeta, como saudá-lo, as formas de culto, até como devem ser as relações entre marido e mulher. Segundo o Alcorão, os seres humanos devem buscar a bondade, a generosidade, a gratidão, deixar de lado o orgulho, a avareza, a hipocrisia e a mentira.

As questões políticas também aparecem no Alcorão. Deduz-se de seus ensinamentos um Estado orientado por um chefe supremo e justo, que segue as leis de Deus, na igualdade de todos os muçulmanos sem discriminação de raça, classe social, riquezas, conhecimento e nacionalidade. Na sociedade muçulmana todos devem viver como irmãos.

BL/Robana/Easypix Brasil

Duas páginas de um Alcorão do século XVI, originalmente produzido na Índia.

Sonali Pal Chaudhury/NurPhoto/Getty Images

Comunidade muçulmana realizando as orações do Eid al-Fitr (isto é, "Celebração do fim do jejum"). Essa celebração marca o fim dos jejuns realizados no mês sagrado do Ramadã. Calcutá, Índia, 2017.

As palavras do Alcorão são consideradas de uma beleza ímpar pelos muçulmanos. Mesmo os estudiosos da cultura muçulmana não adeptos do islamismo dizem que são de uma poesia incomparável. Suas imagens literárias – ricas e poderosas – fazem dele a maior obra-prima da literatura árabe. Dizem os que o conhecem no original que essa beleza se perde nas traduções; por isso, alguns muçulmanos não aceitam traduzir o Alcorão.

Os cinco pilares do islamismo

A fé muçulmana sustenta-se em cinco pilares:

- **Testemunho de fé:** é o primeiro pilar do islamismo e o mais importante deles. Consiste em aceitar com fé e convicção – ou seja, pelo coração e pela razão – que Alá é o verdadeiro Deus e Maomé seu principal profeta. Depois é necessário o seu pronunciamento por meio da fala.
- **Oração:** a oração é a maneira mais nobre de cultuar a Deus e a primeira forma de adoração do muçulmano ao seu criador. Os muçulmanos rezam cinco vezes por dia. Cada oração dura alguns minutos. A oração no islamismo é a forma de ligação direta com Deus, sem nenhum intermediário. As preces são feitas ao amanhecer, ao meio-dia, à tarde, ao anoitecer e à noite. O muçulmano pode orar onde estiver – nos campos, nas fábricas, nas oficinas, nas escolas, nas universidades –, mas deve sempre se ajoelhar em direção à cidade de Meca.
- ***Zakat*:** a palavra *zakat* significa "ajudar os necessitados". Na verdade, Deus é o verdadeiro dono de todas as riquezas. Os seres humanos só as possuem temporariamente para cuidar das coisas de Deus. Assim, os muçulmanos devem dar uma parcela de seus

Noorullah Shirzada/Agência France-Presse

Mulher afegã com burca recebendo doações de comida durante o mês do Ramadã em Jalalabad, Afeganistão, 2013.

bens aos seus irmãos mais necessitados, como uma forma de ajudar o próximo e agradecer a Deus pelo que têm. Embora a religião não pretenda que as riquezas sejam divididas entre todos de forma igual, os mais ricos devem prestar benefícios sociais e econômicos para o bem de todos.

- **Jejum no mês do Ramadã:** durante o nono mês do calendário islâmico, os muçulmanos são obrigados a jejuar todos os dias, do nascer do Sol até o anoitecer. Durante o Ramadã, eles só comem à noite. O jejum é considerado uma forma de autopurificação, mas deve ser feito pela vontade de quem vai jejuar, pois se abster por si mesmo do conforto da vida material é uma forma de crescer na vida espiritual. Caso o jejum seja interrompido por algum problema, ele perde sua validade.
- **Peregrinação a Meca:** anualmente todos os muçulmanos que tenham condições físicas e financeiras devem seguir até Meca, a cidade sagrada. Pelo menos uma vez na vida, é preciso fazer essa peregrinação à cidade. São milhões de pessoas que partem de todos os pontos do mundo em direção a ela. Lá está, desde antes do advento do islamismo, a Caaba, em torno da qual os muçulmanos oram.

Caaba: construção negra de formato cúbico, localizada em Meca (Arábia Saudita), considerada o mais sagrado santuário do islã e centro da peregrinação dos muçulmanos.

Multidão de peregrinos rezando em volta da Caaba, na Grande Mesquita de Meca, na Arábia Saudita. Foto de 2018.

Nicolas Briquet/SOPA Images/LightRocket/Getty Images

Os dois grupos do islã

A maioria no mundo e o principal grupo islâmico é o dos sunitas. Os sunitas são guiados pelas leis do Alcorão e procuram seguir os ensinamentos do profeta Maomé. Ressaltam a força de Deus e dizem que os destinos humanos estão em suas mãos.

O grupo minoritário e mais radical do islamismo é formado pelos xiitas. São adeptos de Ali, primo de Maomé. Para os xiitas, só pode ser líder muçulmano aquele que provém do sangue do profeta, ao passo que para os sunitas isso não é necessário; basta o líder seguir os ensinamentos de Maomé.

Há disputas antigas entre os dois grupos e que continuam até hoje. Os xiitas ainda consideram que praticam o islamismo puro, como na época de Maomé.

Eric Lafforgue/Art in All of Us/Corbis/Getty Images

Garotas sunitas estudando o Alcorão em um madraçal (instituição de ensino muçulmana, na qual o foco do estudo é o livro sagrado), na cidade de Kong, Irã, em 2015.

Haidar Mohammed Ali/Agência France-Presse

Muçulmanos xiitas rezando durante o festival de Arba'een, em Karbala, Iraque, 2017.

As mesquitas

As mesquitas são os lugares reservados para as orações muçulmanas, os templos sagrados do islamismo. A Grande Mesquita, onde está a Caaba, em Meca, é a mais importante. A do Kuwait tem capacidade para 10 mil pessoas e é muito bonita. A que é considerada a mais bela, porém, é a Mesquita de Jerusalém, um monumento feito em homenagem a Maomé. No Brasil, a mais famosa é a Mesquita Omar Ibn Al-Khatab, em Foz do Iguaçu no estado do Paraná.

Karim Sahib/Agência France-Presse

Vista aérea da Grande Mesquita, Meca, Arábia Saudita, 2017.

Lucas Lacaz Ruiz/Futura Press

Parte externa da mesquita Omar Ibn Al-Khatab, em Foz do Iguaçu (PR). Foto de 2015.

Alamy/Fotoarena

A Mesquita de Jerusalém, ou Domo da Rocha, Israel, 2016.

O X DA QUESTÃO

1) Você se identifica com algum aspecto da fé muçulmana? Qual? Por quê?

2) A maioria das religiões considera que as suas escrituras são a palavra de Deus ou pelo menos estão impregnadas da presença divina. O que você pensa sobre isso? Todas têm algo de Deus? Nenhuma delas têm? Ou só uma religião é que possui esses atributos?

3) Para orar, os muçulmanos se ajoelham e se voltam para Meca, a cidade sagrada. Como você ora? O que é importante para você no momento da oração? Se você não ora, por que não o faz?

4) Uma das grandes polêmicas em torno da cultura islâmica é o véu usado pelas mulheres. O uso do véu é antigo nessa tradição e as mulheres não podem deixar de usá-lo. Entre os muçulmanos mais radicais, a mulher não pode estudar nem trabalhar fora. Mas, há alguns anos, essa situação tem sido questionada. As mulheres começam a se rebelar contra essa opressão masculina, usando o próprio Alcorão para defender direitos iguais entre homens e mulheres. As mulheres estão mais encorajadas a afirmar seu papel na sociedade. Sua participação tem crescido no mundo muçulmano. Entretanto, as resistências ainda são muitas. As forças conservadoras querem anular alguns direitos conquistados pelas mulheres.

   Sob a orientação do professor, debata o assunto com seus colegas e, depois, responda:

   A luta das mulheres por independência e direitos iguais tem crescido no mundo inteiro. De que forma as mulheres muçulmanas podem ampliar essas conquistas dentro da tradição islâmica?

BEBENDO NA FONTE ISLÂMICA

A majestade de Deus

O Alcorão tem passagens muito expressivas a respeito da grandeza de Deus. Algumas vezes ele mostra também um Deus terrível, que castiga os maus. Mas, no todo da obra, sobressaem a sua misericórdia e seu amor.

Louvado seja Deus, o criador dos céus e da terra, que faz dos anjos Mensageiros dotados de dois ou três ou quatro pares de asas. Acrescenta à criação o que lhe apraz. Ele tem poder sobre tudo.

As dádivas com que Deus agracia os homens, ninguém as pode impedir. As dádivas que Ele recusa, ninguém as pode outorgar. O Poderoso, o Sábio.

Homens, lembrai-vos dos benefícios de Deus para convosco. [...]

O Alcorão: livro sagrado do islã. 35:1-3. 12. ed. Rio de Janeiro: BestBolso, 2017. p. 338.

Bridgeman Images/Easypix Brasil/ Instituto de Estudos Orientais, São Petersburgo, Rússia

Fragmento de um Alcorão escrito em caligrafia abássida, da escola persa do século IX, autor desconhecido.

O caminho da felicidade

Abû Hâmid Muhammad Al-Ghazzâlî (1058-1111), teólogo e místico árabe, escreveu uma obra de grande valor espiritual chamada *A alquimia da felicidade*. Nela ele descreve os passos para o ser humano atingir a felicidade celeste, segundo a fé muçulmana.

Saiba, Oh! Amado, que o homem não foi criado por brincadeira ou ao acaso, mas feito prodigiosamente e para um grande fim. Embora ele não seja da eternidade, vive para sempre; e ainda que seu corpo seja insignificante e terrestre, seu espírito é sublime e divino. Quando [...] é purgado das paixões carnais, ele alcança o supremo, e no lugar de ser escravo da luxúria e da ira torna-se dotado de qualidades angélicas. Alcançando este estado, ele encontra o seu céu na contemplação da Beleza Eterna, e não mais nos prazeres carnais. A alquimia espiritual que nele opera essa mudança [...] pode ser sucintamente descrita como se afastar do mundo na direção de Deus, e seus componentes essenciais são quatro:

1) O conhecimento de si mesmo.

2) O conhecimento de Deus.

3) O conhecimento deste mundo como ele realmente é.

4) O conhecimento do próximo mundo como ele realmente é.

AL-GHAZZÂLÎ, Abû H. M. *A alquimia da felicidade*. Rio de Janeiro: Fissus, 2001. p. 3-4.

Alquimia: no texto, combinação de elementos que conduziria à felicidade.

O QUE VOCÊ ENTENDEU?

O texto do Alcorão fala da grandeza de Deus. O texto de Al-Ghazzâlî fala das possibilidades angélicas do ser humano. Qual é a relação existente entre essas duas ideias? Você concorda com elas? Explique.

FALANDO DE ALIMENTAÇÃO

Preceitos alimentares islâmicos

A culinária no Oriente Médio é muito antiga. Os países muçulmanos e não muçulmanos daquela região apresentam muitas vezes uma alimentação semelhante, pois os diferentes conquistadores foram espalhando os mesmos hábitos alimentares por onde passavam. E isso abrange a Síria, o Líbano, a Turquia, a Arábia Saudita, etc.

Várias religiões prescrevem regras alimentares. Por exemplo, no judaísmo, não se pode comer carne de animais que foram mortos com dor. Também não se pode misturar derivados de leite e derivados de carne. No hinduísmo existe a recomendação de vegetarianismo.

No islamismo, há também várias regras em torno das refeições e dos alimentos. Deve-se lavar as mãos, mas não as enxugar na toalha; não fazer críticas à comida; comer com três dedos e depois limpá-los; comer junto com outras pessoas; depois de comer, louvar a Deus e fazer uma prece.

Quanto aos alimentos, existem os permitidos (*Halal*), os permitidos, mas não recomendáveis (*Makruh*) e os alimentos proibidos (*Haram*). Entre os proibidos estão a carne de porco e a carne de animais carnívoros. Todo adepto do islamismo também é proibido de consumir álcool ou quaisquer outras drogas.

iStockphoto/Getty Images

Algumas das comidas permitidas.

AGORA É COM VOCÊ

1) Qual é a sua tradição alimentar? Italiana, árabe, portuguesa, africana, indígena ou outra? Você julga correto que a religião interfira no modo como alguém se alimenta? Você tem algum tipo de restrição em relação à alimentação?

2) Sob a orientação do professor, reúna-se com seus colegas em grupos e façam uma pesquisa sobre comidas árabes, hindus, judaicas, etc. Depois, com a orientação de um adulto, reúnam-se para preparar algumas dessas receitas em casa e trazer esses pratos para a escola, a uma festa sobre a culinária de várias culturas.

FALANDO DE ARTE SACRA

Arte muçulmana

A arte sacra muçulmana é muito rica em imagens e símbolos. Como não se pode pintar a imagem de Deus nem representar a figura humana, pois a religião não permite, desenvolveu-se uma arte abstrata.

Arte abstrata: tipo de arte em que o artista não faz uma representação fiel da realidade. Em vez disso, utiliza as formas e as cores de maneira livre, de modo a exprimir seus sentimentos e emoções sem o compromisso de relacioná-los a referências concretas do mundo exterior.

Album/Fotoarena/Museu Nacional, Riade, Arábia Saudita

Escrita árabe em uma pedra do século VIII.

Entrada exuberante da Mesquita Sheikh Lotfollah, em Isfahan, Irã, construída no século XVII. Em vários locais há inscrições com passagens do Alcorão, como acima da porta de entrada. É considerada Patrimônio Mundial da Humanidade pela Unesco. Foto de 2016.

Alamy/Fotoarena

DE OLHO NO MUNDO

Malala: pelo direito à educação

Malala é uma jovem paquistanesa que cresceu dentro da escola do pai, encantada pelos estudos. A região em que ela vivia passou a ser controlada por um grupo extremista islâmico chamado Talibã, que ao assumir o poder proibiu as meninas de frequentarem a escola, dando apenas aos meninos esse direito. Apesar de muitas garotas sentirem medo e aos poucos abandonarem os estudos, Malala e outras colegas desafiaram a imposição e continuaram estudando. Além disso, ela passou a escrever um *blog* relatando como era o medo e o receio das meninas que queriam frequentar a escola sob o regime do Talibã, e por isso recebeu várias ameaças de morte. Num dia, voltando da escola, foi atacada a tiros e por pouco não perdeu a vida. Ela e sua família precisaram fugir para a Inglaterra. Esse acontecimento aumentou sua coragem e força para continuar lutando pelo direito de as mulheres frequentarem a escola. Sua luta serve de exemplo para todos aqueles que se esforçam por um mundo melhor. O trecho a seguir resume sua vida.

Malala Yousafzai é a mais jovem vencedora do Prêmio Nobel da Paz

A paquistanesa Malala Yousafzai, de 17 anos, ganhou o Prêmio Nobel da Paz de 2014 ao lado do indiano Kailash Satyarthi, de 60 anos. Os dois são ativistas dos direitos das crianças: Malala defende o acesso de mulheres e meninas à educação, e Kailash se dedica a resgatar crianças do trabalho infantil e a retirar pessoas de trabalhos análogos à escravidão. [...]

Quem é Malala Yousafzai?

Malala Yousafzai cresceu no Vale do Swat, no noroeste do Paquistão, controlado desde 2007 pelo grupo extremista Talibã. Filha do dono de uma escola que sempre incentivou a filha a estudar, Malala viu seu direito à educação ameaçado em 2008, quando o líder talibã local exigiu que todas as escolas parassem de dar aulas a meninas por um mês. Seu pai foi um dos únicos a não cumprir a exigência.

Christopher Furlong/Getty Images

Malala Yousafzai. Foto de 2014.

Sua luta começava ali. Malala criou um blog *chamado "Diário de uma Estudante Paquistanesa", onde contava sobre seu desejo de continuar estudando e relatava as tensões enfrentadas pelas meninas em um país dominado pelo Talibã. A ativista, que começou escrevendo sob um pseudônimo, logo ganhou notoriedade.*

Em 9 de outubro de 2012, aos 15 anos, Malala levou um tiro ao sair de sua escola. Além dela, outras duas meninas foram baleadas. O ataque foi de responsabilidade do grupo extremista. [...] Malala se mudou para o Reino Unido, onde continua seu ativismo. [...]

O que ela defende?

Malala defende o direito de todas as mulheres e meninas de estudar. "Nossos livros e nossos lápis são nossas melhores armas. A educação é a única solução, a educação em primeiro lugar", afirmou em seu primeiro pronunciamento público, na Assembleia de Jovens da Organização das Nações Unidas (ONU), nove meses após o atentado.

"Os terroristas pensaram que mudariam meus objetivos e interromperiam minhas ambições, mas nada mudou na vida, com exceção disto: fraqueza, medo e falta de esperança morreram. Força, coragem e fervor nasceram", completou à época.

Em 2013, a ativista recebeu o prêmio Sakharov, concedido pelo Parlamento Europeu pela liberdade de consciência, e o Prêmio Internacional da Criança por sua luta na área.

O que sua vitória representa para o direito das meninas?

A vitória da causa de Malala representa uma preocupação internacional em torno das relações de poder que os homens exercem sobre as mulheres em muitos países.

Nadine Gasman, representante da ONU Mulheres no Brasil, explica que essa visão de poder se reflete no acesso à educação da população feminina, principalmente nos países em situação de conflito, como o Paquistão e mais recentemente a Nigéria. Em abril, mais de 200 meninas foram sequestradas pelo grupo terrorista Boko Haram de uma escola no vilarejo de Chibok no país africano. [...]

MALALA Yousafzai é a mais jovem vencedora do Prêmio Nobel da Paz. *Cláudia*, 22 out. 2016. Disponível em: <https://claudia.abril.com.br/noticias/malala-yousafzai-e-a-mais-jovem-vencedora-do-premio-nobel-da-paz>. Acesso em: 4 maio 2018.

E PARA TERMINAR

Leia o artigo abaixo e responda às questões.

As mulheres e o islã

Normalmente, muitas pessoas, quando pensam em mulheres islâmicas, logo imaginam criaturas absolutamente oprimidas e enroupadas até os pés por burcas — ou, na melhor das hipóteses, criaturas submissas obrigadas a manter as cabeças cobertas por lenços. Infelizmente, em alguns países essa é a realidade mesmo. Aliás, por que elas se deixam dominar dessa forma? E mais: qual é o verdadeiro papel das mulheres no islã?

Questão de ordem

O islamismo, como você deve saber, é governado pela Sharia, uma espécie de sistema legal fundado por volta do século 7. Ela constitui um detalhado código de conduta que inclui regras sobre as práticas religiosas, bem como critérios sobre a moral, as coisas que são permitidas e proibidas e as normas que separam o bem e o mal. Em outras palavras, a Sharia codifica detalhadamente a conduta pessoal dos muçulmanos e rege todos os aspectos de suas vidas.

Esse conjunto de regras foi formalmente instituído como lei em determinados países islâmicos e, nesses casos, existem tribunais que garantem que elas sejam cumpridas. De acordo com Richard Stockton, do portal All That Is Interesting*, se você acha que essas normas são duras de modo geral — e desfavorecem as mulheres atualmente —, nem queira imaginar como eram as coisas no passado, antes de o islã se tornar a religião predominante no Oriente Médio.*

Nattle/Shutterstock

Ilustração dos diferentes tipos de lenços islâmicos.

Segundo Richard, na Arábia Pré-Islâmica, era comum que bebezinhas fossem enterradas vivas simplesmente por serem meninas, sem falar que as regras que governavam a vida em família e em comunidade mudavam de vilarejo para vilarejo — tornando bem complicada a interação entre os diferentes povos. Pois o que a Sharia fez foi estabelecer uma série de regras padronizadas a serem seguidas por todos, facilitando a convivência dos clãs. [...]

Exagero

Assim como existem praticantes de outras religiões — como o cristianismo e o judaísmo — que dão determinadas interpretações às sagradas escrituras e aplicam os ensinamentos com rigidez, o mesmo acontece com os muçulmanos. Não há, por exemplo, nenhuma lei no Alcorão que dite que as mulheres devam se cobrir da cabeça aos pés, e existem muitos países tradicionalmente islâmicos pelo mundo que não aplicam restrições.

Por outro lado, em alguns países — como é o caso do Afeganistão, do Irã e da Arábia Saudita —, as restrições não só existem como podem resultar em punições severas para quem não obedecer ao código estabelecido. Portanto, em determinadas nações, as mulheres devem usar a dupatta *e* hijab *ou lenço que cobre os cabelos e o pescoço, e, em outros, elas devem vestir o* chador*, ou seja, aquela capa longa que vai da cabeça até os pés, mas não cobre o rosto.*

Em outros locais, as mulheres são obrigadas a usar a abaya *e a* niqab*, que, juntas, cobrem o corpo completamente e apenas deixam uma pequena abertura para os olhos. Por último, ainda existe a famosa burca, que, como você sabe, inclusive conta com uma tela que esconde até os olhos de quem a está vestindo. [...]*

RINCÓN, Maria L. As mulheres e o islã: entenda o papel feminino no mundo muçulmano. *Mega Curioso*, 14 jun. 2016. Disponível em: <www.megacurioso.com.br/religiao/99226-as-mulheres-e-o-isla-entenda-o-papel-feminino-no-mundo-muculmano.htm>. Acesso em: 4 maio 2018.

Mulheres muçulmanas celebrando com orações o Eid al-Adha (Festa do Sacrifício), que é quando se comemora a disposição do profeta Abraão em sacrificar o filho como um ato de obediência a Alá. Srinagar, Índia, 2017.

Faisal Khan/Anadolu Agency/Getty Images

1) O que você pensa sobre a situação das mulheres nos países muçulmanos?

2) Compare a situação da mulher no Brasil com a da mulher no mundo muçulmano. Há alguma semelhança?

Reprodução/Samira Makhmalbaf/Europa Filmes

SESSÃO DE CINEMA

Às cinco da tarde

Direção de Samira Makhmalbaf. Europa Filmes, 2003.

O filme se passa no Irã, em meio a mudanças políticas importantes que permitem às mulheres voltarem a estudar. Noqreh decide enfrentar as barreiras culturais impostas pela sociedade e por seu pai, que não aceita seu desejo por instrução, para lutar por um sonho: ser presidente de seu país. Diante de tantas mudanças, ela percebe que esse sonho se choca com o conservadorismo e com as duras realidades do dia a dia.

Após assistir ao filme, responda:

1) Como os sonhos podem ajudar as pessoas a enfrentar as dificuldades?

2) De que maneira a educação pode ajudar Noqreh a alcançar o sonho de ser presidente?

Reprodução/Editora Callis

SESSÃO DE LEITURA

O que sabemos sobre o islamismo?

Shahrukh Husain. São Paulo: Callis, 2009.

O livro apresenta uma visão geral da fé islâmica: história, costumes, evolução, principais crenças, etc.

Procure ler o livro e responda:

Havia alguma coisa que você achava que sabia sobre o Islamismo (com base em notícias ou opiniões de outras pessoas), mas que descobriu ser diferente do que imaginava?

> [...] Ah! cessa esse murmúrio de palavras:
> escuta no silêncio a voz de Deus.

Jalal al-Din Rûmî.

In: LUCCHESI, Marcos (Org.). *A sombra do Amado*: poemas de Rûmî. Rio de Janeiro: Fisus, 2000. p. 41.

Obra mostrando o corpo e o espírito conectados. Aquarela do artista tailandês contemporâneo Benjavisa Ruangvaree.

13

A proposta espírita

A difícil definição

Os espíritas dizem que o espiritismo é ao mesmo tempo ciência, filosofia e religião. O problema é que muitos cientistas não o aceitam como ciência, muitos filósofos não o aceitam como filosofia e muitos religiosos não o aceitam como religião.

Na verdade, seu fundador, o francês Allan Kardec (1804-1869), quis fazer uma ciência diferente – que trouxesse evidências da existência do espírito e da vida depois da morte; uma filosofia diferente – que tratasse de todas as questões da existência de forma simples e acessível ao povo; e uma religião diferente – que não tivesse nem sacerdotes, nem rituais, nem templos, mas fosse uma ligação direta do ser humano com Deus, uma espécie de espiritualidade livre.

Rue des Archives/Tallandier/Latinstock

Gravura feita por A. Gilbert e J. Roberts a partir de uma foto de Hippolyte Léon Denizart Rivail, nome verdadeiro de Allan Kardec, pai do movimento espírita.

Os princípios mais importantes

As ideias espíritas estão reunidas nas obras de Allan Kardec. Existem cinco livros básicos no espiritismo, que constituem a diretriz máxima para os adeptos: *O Livro dos Espíritos*; *O Livro dos Médiuns*; *O Evangelho segundo o Espiritismo*; *O Céu e o Inferno*; *A Gênese*. Esses livros foram escritos por Kardec em diálogo com os espíritos e por intermédio de diferentes médiuns.

Frontispício da primeira edição de *O Livro dos Espíritos*, de Allan Kardec.

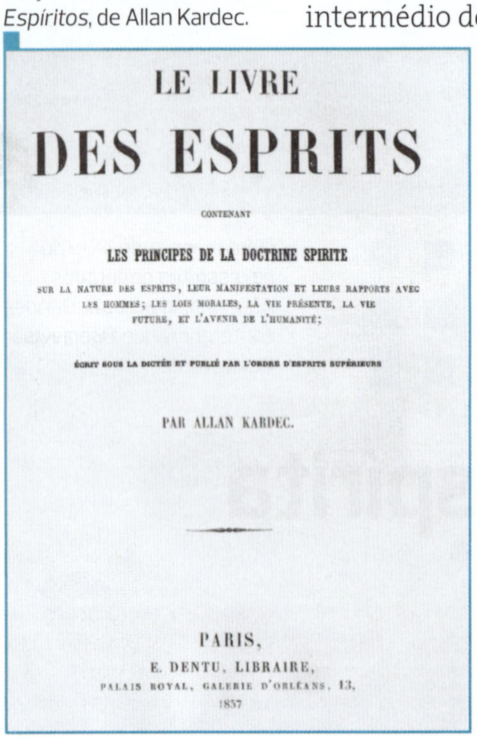

LE LIVRE

DES ESPRITS

CONTENANT

LES PRINCIPES DE LA DOCTRINE SPIRITE

SUR LA NATURE DES ESPRITS, LEUR MANIFESTATION ET LEURS RAPPORTS AVEC LES HOMMES; LES LOIS MORALES, LA VIE PRÉSENTE, LA VIE FUTURE, ET L'AVENIR DE L'HUMANITÉ;

ÉCRIT SOUS LA DICTÉE ET PUBLIÉ PAR L'ORDRE D'ESPRITS SUPÉRIEURS

PAR ALLAN KARDEC.

PARIS,
E. DENTU, LIBRAIRE,
PALAIS ROYAL, GALERIE D'ORLÉANS, 13.
1857

Rue des Archives/Tallandier/Latinstock

Os espíritas aceitam essas três ideias centrais:

- **A lei de evolução:** os espíritos são criados simples e ignorantes. Após muitas vidas na Terra e em diferentes mundos, um dia chegarão à perfeição, terão plena sabedoria, grande amor e serão colaboradores de Deus na criação de novos mundos e na ajuda a todos os seres. Então, não precisarão mais da reencarnação num mundo material, tornando-se espíritos puros.

- **A lei de causa e efeito:** essa lei é semelhante àquilo em que os budistas e os hindus acreditam: que todas as nossas ações têm consequências, se não nesta vida, nas próximas encarnações. O bem e o mal que fazemos haveremos de colher um dia, mas não como punição e sim como uma forma de aprendizado.

- **A lei do amor:** o maior princípio da ética espírita é o amor ao próximo. Se o praticarmos, seremos felizes e faremos uma sociedade melhor. Essa lei é inspirada nos ensinamentos de Jesus, que os espíritas consideram o espírito mais perfeito que já veio à Terra.

Reencarnação: ideia segundo a qual o espírito, ao deixar o corpo, com a morte, volta em novo corpo, começando nova existência. O período entre uma vida e outra pode variar. Essa crença está presente no hinduísmo, no budismo e no espiritismo, entre outras religiões. A esse respeito, a única diferença é que tanto no hinduísmo quanto no budismo a alma humana pode voltar tanto num corpo animal quanto num corpo humano, enquanto no espiritismo, o espírito humano não volta a encarnar no reino animal.

Joe Raedle/Getty Images

Socorristas ajudam vítima da inundação causada pelo furacão Harvey na cidade de Port Arthur. Texas, Estados Unidos, 2017.

As práticas espíritas

Para ser espírita, basta aceitar os princípios do espiritismo e segui-los. Os espíritas não são obrigados a frequentar nenhuma igreja nem a pertencer a comunidade alguma. Mas a maioria dos espíritas também se reúne para praticar a sua doutrina. As reuniões podem acontecer na casa de um dos membros ou nos centros espíritas. Só no estado de São Paulo existem mais de 2 mil centros.

Delfim Martins/Pulsar Imagens

Pessoas reunidas no Centro Espírita da Prece de Chico Xavier, no mesmo local onde o médium Francisco Cândido Xavier (Chico Xavier) atendia em Uberaba (MG). Foto de 2013.

Imoda Enrico/Alinari Archivi/Isuzu Imagens

Sessão espírita em Paris, França, em 1909, com a médium italiana Linda Gazzera (1890-1942) na presença do pesquisador de fenômenos espíritas Dr. Enrico Imoda, à direita na foto. Na imagem, Linda está em transe e, na cortina atrás dela, podem ser vistos materializados os dedos de uma mão.

O que fazem os espíritas nas reuniões?

Há as reuniões de estudo e as reuniões mediúnicas. Nas primeiras, estudam-se as obras de Allan Kardec e de outros autores para conhecer e aprofundar a doutrina espírita. Nas reuniões mediúnicas acontecem as comunicações dos espíritos por meio dos médiuns. Se forem espíritos bons, eles vêm dar conselhos (que nunca podem ser conselhos materiais, do tipo "com quem devo namorar" ou "que número será premiado na loteria"). São orientações para vivermos com mais sabedoria e amor. Se forem espíritos sofredores ou que ainda querem fazer algum mal, então os presentes conversam com eles, interessam-se por sua história, dirigem preces a Deus por sua melhora, tentando fazer com que se sintam mais em paz e procurem evoluir.

As mensagens dos espíritos podem ser transmitidas pela fala (os médiuns falam o que eles querem dizer) ou por meio da escrita (os médiuns escrevem o que eles ditam ou inspiram), também chamada de psicografia. Há ainda médiuns que veem os espíritos.

Não é preciso nem se deve usar nenhuma veste especial ou fazer nenhum gesto específico durante as sessões. Todos ficam sentados, em oração, e os médiuns são aconselhados a controlar a comunicação e não deixar o espírito fazer tudo o que quiser. A mediunidade nas reuniões kardecistas é uma mediunidade regrada.

Marcos Issa/Bloomberg/Getty Images

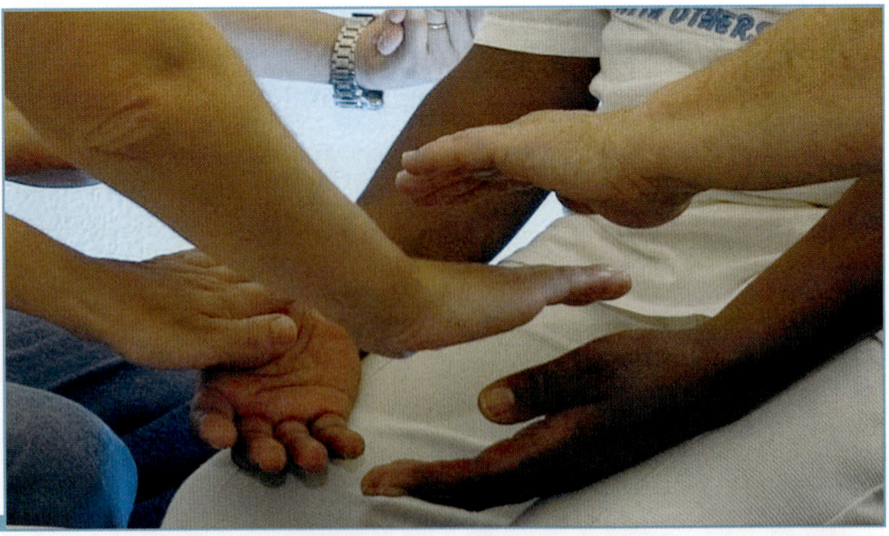

Para os espíritas, o passe consiste em impor as mãos sobre alguém com o objetivo de transmitir energia. Na foto, vemos alguns membros do Grupo Espírita GEAM dando passe a uma pessoa. Santo André (SP), 2005.

Outra prática comum é o passe. Os médiuns põem as mãos sobre as pessoas e oram, recebendo energias dos bons espíritos para transmitir a quem precisa. Todo mundo pode dar passe, desde que esteja preparado para isso. E todo mundo pode receber passe. Em geral, quem os recebe são pessoas que estão doentes ou com algum problema espiritual.

Na Igreja messiânica (de origem japonesa) há uma prática semelhante, que se chama *johrei*. E na Igreja católica também se pode impor as mãos para fazer uma oração por quem precisa.

O centro espírita

Os espíritas não consideram o centro espírita um templo. Nele não pode haver imagens nem objetos de culto. Portanto, qualquer sala com mesas e cadeiras simples pode ser um centro de reuniões espíritas. No início do espiritismo, em geral as pessoas faziam as reuniões em casa. Hoje, alguns ainda acham que é melhor se reunir em família do que em grandes centros. Outros, porém, acreditam que seja mais seguro só receber espíritos no centro.

Nos centros espíritas há cursos, palestras, encontros para estudo, aulas de espiritismo para crianças (chamadas de evangelização), mocidades espíritas, reuniões mediúnicas e trabalhos de assistência social.

Palestra no Centro Espírita Perseverança, em São Paulo (SP), 2010.

Sérgio Neves/Estadão Conteúdo/AE

O que o espírita não pode fazer

A moral espírita não é rígida, isto é, não tem muitas regras. O espiritismo estabelece diretrizes gerais e espera que cada um aja de acordo com a sua consciência. Mas há atitudes que são rejeitadas pela totalidade dos espíritas que seguem Allan Kardec:

- receber dinheiro ou qualquer vantagem pessoal pela prática da mediunidade;
- ganhar dinheiro com qualquer prática espírita: passe, orientação, palestras;
- usar charutos, bebidas alcoólicas ou quaisquer outras drogas em reuniões mediúnicas;
- usar velas, imagens ou qualquer objeto de culto durante as reuniões;
- usar a mediunidade para satisfazer a curiosidade, fazer consultas materiais ou encomendar malefícios.

O X DA QUESTÃO

1) De acordo com o que leu neste capítulo até agora, você considera que o espiritismo é uma religião? Justifique sua resposta.

2) Cite de três a cinco palavras ou expressões-chave que podem indicar a prática do espiritismo.

3) Qual é a lei que o espiritismo prega e que está presente em quase todas as religiões? Justifique.

Album/Fotoarena

Sessão espírita com mesa girante com a médium italiana Eusapia Paladino (1854-1918) na casa do pesquisador e astrônomo francês Camille Flammarion (1842-1925), na França, em 1898. Eusapia, ao fundo, foi uma das primeiras médiuns de efeitos físicos a serem estudadas por cientistas da época.

Album/Fotoarena

BEBENDO NA FONTE ESPÍRITA

O espiritismo e as crianças

Sessão espírita com Eusapia Paladino na casa de Camille Flammarion, em 1898. A médium foi convidada diversas vezes por cientistas de vários locais para ser observada e estudada durante os acontecimentos extraordinários que ocorriam em sua presença, como, na foto, a mesa flutuando.

Kardec considerava a prática mediúnica algo extremamente sério, mas ele também julgava que algumas crianças eram capazes de entender essa seriedade. Obviamente, não recomendava que as crianças fizessem sessões à vontade, mas achava que elas podiam acompanhar o espiritismo desde cedo. Em sua época havia a prática das mesas girantes: as mesas se movimentavam espontaneamente e, de acordo com o número de batidas, formavam-se as letras e as palavras (seguindo um código previamente combinado). O caso transcrito abaixo é do menino Gabriel Delanne (que mais tarde se tornou pesquisador e escritor espírita), e Kardec o conta num artigo da *Revista Espírita*:

Um dia [o menino] se encontrava com uma pessoa de suas relações e brincava no pátio da casa com sua priminha, de cinco anos, dois meninos, um de sete, outro de quatro anos. Uma senhora que morava no térreo os compeliu a entrar em sua casa e lhes deu bombons. As crianças, como se pode imaginar, não se fizeram rogadas

A senhora perguntou ao filho do Sr. Delanne:

P. – Como te chamas, meu filho?

Resp. – *Eu me chamo Gabriel, senhora.*

P. – Que faz teu pai?

Resp. – *Senhora, meu pai é espírita.*

P. – Não conheço esta profissão.

Resp. – *Mas, senhora, não é uma profissão. Meu pai não é pago para isto; ele o faz com desinteresse e para fazer o bem aos homens.*

P. – Menino, não sei o que queres dizer.

Resp. – *Como! Jamais ouvistes falar das mesas girantes?*

P. – Muito bem, meu amigo, gostaria que teu pai estivesse aqui para as fazer girar.

Resp. – *É inútil, senhora; eu mesmo tenho o poder de as fazer girar.*

P. – Então, queres experimentar e me fazer ver como se procede?

Resp. – *Com muito gosto, senhora.*

Dito isto, ele se senta ao pé da mesinha da sala e faz sentar os seus três amiguinhos; e eis os quatro, gravemente pondo as mãos em cima. Gabriel fez uma evocação em tom muito sério e com recolhimento. Mal terminou, e para grande estupefação da senhora e das crianças, a mesinha ergueu-se e bateu com força.

– Perguntai, senhora, quem vem responder pela mesa.

A vizinha interroga e a mesa soletra as palavras: teu pai. A mulher torna-se pálida de emoção. E continua: Pois bem! dizei, meu pai, se devo enviar a carta que acabo de escrever? – A mesa responde: Sim, sem falta. – Para provar que realmente és tu, meu pai, que estás aqui, poderias dizer-me há quantos anos estás morto? – Logo a mesa bate oito pancadas bem acentuadas. Era justamente o número de anos. – Poderias dizer o teu nome e o da cidade em que morrestes? – A mesa soletra os dois nomes.

As lágrimas jorraram dos olhos daquela senhora que, consternada por esta revelação e dominada pela emoção, não pôde mais continuar. [...] não é a primeira vez que a mediunidade se revela em crianças, na intimidade das famílias. Não é a realização daquelas palavras proféticas: Vossos filhos e vossas filhas profetizarão? (Atos dos Apóstolos, 2:17).

KARDEC, Allan. *Revista Espírita*: jornal de estudos psicológicos. Rio de Janeiro: FEB, 1865. p. 428-430.

Album/Fotoarena

Irmãs Fox, que desde crianças começaram a se comunicar com espíritos na casa em que moravam nos Estados Unidos, no século XIX.

O X DA QUESTÃO

No movimento espírita brasileiro há muitas questões controversas. Uma delas é a participação das crianças e dos jovens no centro espírita. No início as crianças e os jovens participavam normalmente com os adultos. *O Livro dos Espíritos*, por exemplo, foi recebido por duas meninas, uma de 14 e outra de 16 anos. Hoje, na maioria dos centros, as crianças só ficam nas aulas a elas destinadas. Os jovens só ficam na *mocidade espírita*. E demora um pouco para que possam ter contato com a prática espírita e participar de fato das atividades do centro.

Os mais tradicionais acham que deve ser assim, porque a criança e o jovem ainda não têm maturidade para assumir maiores responsabilidades. Os mais críticos dizem que, se o espiritismo é reencarnacionista, deve saber que a criança ou o jovem pode já ser um espírito maduro e trazer uma grande bagagem de outras vidas. Assim, os centros deveriam observar mais as potencialidades das novas gerações e integrá-las nas práticas comuns.

Sob a orientação do professor, debata o assunto com seus colegas e, depois, responda:

Para a prática religiosa, existe uma idade certa para começar ou depende da maturidade de cada um? Que responsabilidades uma criança ou um jovem pode assumir?

BEBENDO NA FONTE ESPÍRITA

O amor

Um dos maiores escritores espíritas, considerado o sucessor de Allan Kardec, é o francês Léon Denis (1846-1927). Sua forma poética de escrever é até hoje muito apreciada pelos espíritas. No trecho a seguir, ele fala sobre a importância da lei do amor.

Reprodução/Coleção particular

Léon Denis. Foto de 1870.

Todo o poder da alma resume-se em três palavras: – Querer, Saber, Amar!

Querer, isto é, fazer convergir toda a atividade, toda a energia, para o alvo que se tem de atingir, desenvolver a vontade e aprender a dirigi-la.

Saber, porque sem o estudo profundo, sem o conhecimento das coisas e das leis, o pensamento e a vontade podem transviar-se no meio das forças que procuram conquistar e dos elementos a que aspiram governar.

Acima, porém, de tudo, é preciso amar, porque, sem o amor, a vontade e a ciência seriam incompletas e muitas vezes estéreis. O amor ilumina-as, fecunda-as, centuplica-lhes os recursos. Não se trata aqui do amor que contempla sem agir, mas do que se aplica a espalhar o bem e a verdade pelo mundo. A vida terrestre é um conflito entre as forças do mal e as do bem. O dever de toda alma viril é tomar parte no combate, trazer-lhe todos os seus impulsos, todos os seus meios de ação, lutar pelos outros, por todos aqueles que se agitam ainda na via escura. [...]

DENIS, Léon. *Ser, destino, dor*. 10. ed. Sobradinho: Edicel, 1997. p. 62-63.

O QUE VOCÊ ENTENDEU?

Querer, saber e amar – Léon Denis descreve essas três atitudes como essenciais. Por que o amor é o mais importante? Compare essa passagem com o trecho da Primeira Epístola de Paulo aos Coríntios (capítulo 13), da Bíblia, e diga com suas palavras o que você acha.

FALANDO DE EDUCAÇÃO

Um colégio diferente

No Brasil o espiritismo se expandiu e conquistou inúmeros adeptos. Para muitos espíritas, a essência do espiritismo é a educação. Kardec era educador, discípulo do suíço Johann H. Pestalozzi (1746-1827), também educador, e a proposta espírita seria a de educar as pessoas para serem melhores. Por isso, no Brasil, nasceu a *pedagogia espírita*, que é uma forma diferente de educar as crianças, ainda pouco praticada. Não se trata de ensinar espiritismo aos alunos, mas de educá-los, considerando-os seres reencarnados, ou seja, que já trazem ideias, conhecimentos e tendências de outras vidas. É respeitar a individualidade e ajudar cada um a cumprir sua missão, desenvolvendo suas potencialidades.

O primeiro a fazer uma escola com essa proposta de educação foi Eurípedes Barsanulfo (1880-1918), que viveu em Sacramento, Minas Gerais. Em 1907, ele fundou o Colégio Allan Kardec. Nessa escola não havia notas, recompensas nem castigos. Os alunos aprendiam por meio do teatro, da pesquisa, de aulas ao ar livre, de debates e da participação intensa em várias atividades.

Naquela época, todas as escolas usavam a palmatória, as crianças eram obrigadas a se ajoelhar no milho e também não se misturavam meninos e meninas. Mas o colégio de Barsanulfo era misto e nele as crianças jamais apanhavam ou eram castigadas. Ele era um educador muito amoroso e incentivava a participação dos alunos. No final do ano, em vez de provas e exames, os alunos faziam debates públicos e apresentavam peças de teatro, e as pessoas vinham de várias regiões para assistir.

Retrato de Eurípedes Barsanulfo. A data e a autoria da obra são desconhecidas.

AGORA É COM VOCÊ

1) Na sua opinião, como seria uma escola ideal?

2) Sob a orientação do professor, reúnam-se e façam uma pesquisa sobre educação. Procurem saber mais sobre grandes educadores (sugestões: Comenius, Pestalozzi, Freinet, Montessori) e montem, cada grupo, uma proposta de escola baseada nas ideias que vocês encontraram.

FALANDO DE ARTE SACRA

Arte espírita

A arte espírita, segundo os próprios espíritas, ainda é uma promessa. O espiritismo é uma corrente relativamente nova (150 anos) e não teve tempo de desenvolver-se muito na cultura e na arte. O aspecto mais forte até agora é o da literatura mediúnica. Poetas e escritores ditam poesias e livros por meio dos médiuns. Mas nem toda expressão de arte espírita precisa ser mediúnica. Se um escritor ou um músico for espírita e criar uma obra sobre o tema, poderá fazer arte espírita sem tê-la recebido dos espíritos.

Eneide Armanda de Santis Bastos/Acervo da artista

Tela de Eneide Armanda de Santis Bastos.

Luigi Manprin/Abril Stock

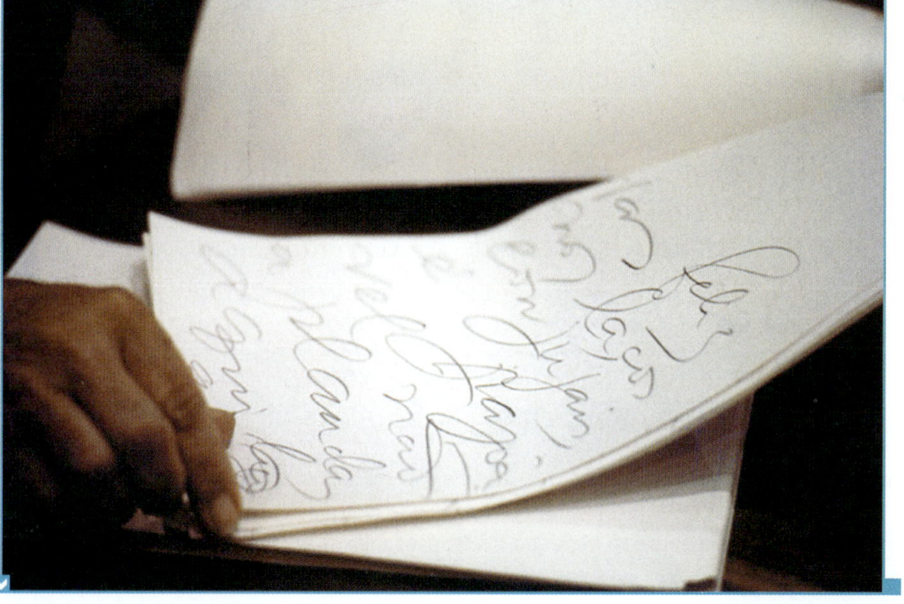

Psicografia de Chico Xavier, em 1971.

Delfim Martins/Pulsar Imagens

Casa de Chico Xavier que se transformou no museu Casa de Memórias e Lembranças, em Uberaba (MG). Foto de 2013.

No Brasil, o médium Chico Xavier recebeu inúmeros poemas. Destacamos a seguir um do espírito Cornélio Pires, poeta caipira que fazia poesias engraçadas com "causos" interessantes e continuou a fazê-lo "do lado de lá".

Recebi o seu bilhete
Meu caro Joaquim Lorena.
Respondo: – ódio é loucura
Que nunca valeu a pena.

Sei que você tem sofrido
Muita pedrada encoberta...
Mas não se vingue. Perdoa.
O tempo tudo conserta.
[...]
Assim é, porquanto a vida
Não faz princípios em vão.
E a vida extingue as discórdias
Na Lei da Reencarnação.

Veja o problema de Amélia:
Por ódio arrasou com Benta,
Mas Benta nasceu de novo,
É a filha que ela amamenta.

Numa aversão prolongada,
Ninita matou Concheta...
E eis que a vítima voltou,
São agora avó e neta.

Numa briga provocada
Cristino apagou Léo Gama...
Léo, porém, tornou à Terra,
É o filho que ele mais ama.

Prejudicavam-se em ódio,
Rosendo e Janjão de Tuta...
Morreram e renasceram,
Dois irmãos gêmeos em luta.
[...]
Se você quer ser feliz
Nunca se arrede do bem,
Auxiliando e servindo,
Não pense mal de ninguém.
[...]

XAVIER, Francisco Cândido; PIRES, J. Herculano. *Astronautas do além*. São Paulo: Geem, 1973. p. 121-122.

SESSÃO DE CINEMA

Minha vida na outra vida

Direção de Marcus Cole. Video Spirite, 2006.

Uma história baseada em fatos reais de uma mulher grávida que começa a ter lembranças de outra vida e vai procurar os filhos da vida anterior na Irlanda.

Procure assistir ao filme indicado pensando nestas questões:

1) **O que você achou da atitude da personagem principal em ir buscar informações sobre os sonhos que estava tendo?**

2) **Você faria o mesmo que ela ou agiria de maneira diferente?**

Reprodução/Marcus Cole/Versátil Home Video

E PARA TERMINAR

Leia este trecho de uma obra de Kardec:

Os médiuns modernos – pois os apóstolos também tinham mediunidade – receberam igualmente de Deus um dom gratuito, que é o de serem intérpretes dos espíritos, para instruírem os homens, para lhes ensinarem o caminho do bem e levá-los à fé, e não para lhes venderem palavras que não lhes pertencem, pois que não se originam nas suas ideias, nem nas suas pesquisas, nem em qualquer outra espécie de seu trabalho pessoal. Deus deseja que a luz atinja a todos, e não que o mais pobre seja deserdado e possa dizer: Não tenho fé, porque não pude pagar; não tive a consolação de receber o estímulo e o testemunho de afeição daqueles por quem choro, pois sou pobre. Eis porque a mediunidade não é um privilégio, e se encontra por toda parte. Fazê-la pagar, seria portanto desviá-la de sua finalidade providencial.

KARDEC, Allan. *O Evangelho segundo o espiritismo*. 59. ed. São Paulo: Lake, 2003. p. 183.

1) Em países anglo-saxões, como Inglaterra, Estados Unidos e Alemanha, a mediunidade é paga e pode até ser uma profissão. De acordo com o texto, que argumentos contrários a isso Kardec usaria?

2) No Brasil, a maioria dos médiuns espíritas não cobra nada por sua ajuda. O médium Chico Xavier, por exemplo, poderia ter ficado rico com os direitos autorais de suas obras mediúnicas, mas cedeu-os todos a obras de caridade. Alguns médiuns, entretanto, hoje ganham muito dinheiro com livros e mensagens recebidos dos espíritos. Qual a sua opinião sobre isso?

Deus nosso Pai,
que Sois todo poder e bondade,
dai força àqueles que passam pela provação,
dai luz àqueles que procuram a verdade,
e ponde no coração do homem a compaixão e a caridade.

Deus,
dai ao viajante a estrela Guia,
ao aflito a consolação,
ao doente o repouso.

Pai,
dai ao culpado o arrependimento,
ao espírito, a verdade,
à criança, o guia,
ao órfão, o pai.
Que a vossa bondade se estenda sobre tudo que criaste.
Piedade, Senhor, para aqueles que não Vos conhecem, e
esperança para aqueles que sofrem.
Que a Vossa bondade permita aos espíritos consoladores,
derramarem por toda a parte a paz, a esperança e a fé.

Deus,
um raio, uma faísca do Vosso divino amor pode abrasar a Terra,
deixai-nos beber na fonte dessa bondade fecunda e infinita, e
todas as lágrimas secarão,
todas as dores acalmar-se-ão.
Um só coração, um só pensamento subirá até Vós,
como um grito de reconhecimento e de amor.
Como Moisés sobre a montanha,
nós Vos esperamos com os braços abertos.
Oh! bondade, Oh! Poder, Oh! beleza, Oh! perfeição,
queremos de alguma sorte merecer Vossa misericórdia.

Deus,
Dai-nos a força no progresso de subir até Vós,
Dai-nos a caridade pura,
Dai-nos a fé e a razão,
Dai-nos a simplicidade que fará de nossas almas
O espelho onde refletirá um dia a Vossa Santíssima imagem.

Madame W. Krell.

Prece de Caritas. Disponível em: <https://oracoespoderosas.info/>. Acesso em: 15 maio 2018.

Album/Fotoarena/Museu Maçônico, Rosenau, Áustria

Tapeçaria europeia do século XIX ornamentada com diversos símbolos maçônicos.

14

O lado oculto e mágico da fé

Os mistérios que fascinam

Rue des Archives/PVDE/Latinstock

Símbolo dos *illuminati* da Baviera presente na nota de um dólar. Esse símbolo também é utilizado na maçonaria e significa "o olho divino".

Há muitas pessoas que ficam atraídas pelo que é misterioso e secreto, pelo que é mágico e oculto. Buscam a espiritualidade em doutrinas e práticas que durante muito tempo foram desconhecidas da maioria.

Ocultismo, maçonaria, esoterismo, cabala – cada uma dessas correntes tem suas próprias ideias e propostas. O que há de comum entre elas é que durante muitos séculos foram tradições fechadas em pequenos grupos de iniciados.

O que se faz hoje em dia é justamente divulgá-las mais abertamente. Publicações, cursos, grupos de estudo procuram levar às pessoas ideias antes restritas.

Por que tudo era secreto?

Bridgeman Images/Glow Images/Coleção particular

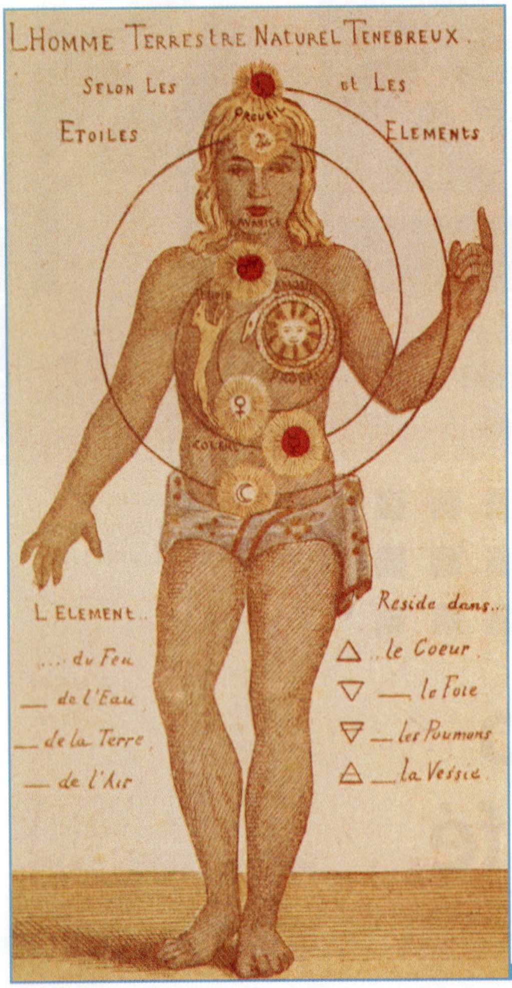

Ilustração do livro *Theosophia practica*, do escritor alemão Johann Georg Gichtel (1638-1710), destacando os sete chacras: centros de energia espiritual.

Existem duas explicações para que essas tradições fossem mantidas em segredo. A primeira é que os que conheciam os mistérios não queriam divulgá-los, pois achavam que nem todas as pessoas saberiam lidar com isso e talvez cometessem abusos ou usassem esses conhecimentos para fins maléficos. Assim, para entrar numa sociedade secreta era preciso passar por uma iniciação.

Iniciação é um período de aprendizagem e de provas. O indivíduo deve aprender como discípulo os conhecimentos e as práticas do grupo e ao mesmo tempo passar por vários testes para mostrar-se digno de ser admitido.

O outro motivo pelo qual se exigia segredo era o medo das perseguições. As grandes religiões institucionalizadas sempre procuraram combater o lado oculto da fé. Com isso, os grupos se fechavam para evitar o preconceito e muitas vezes até a prisão e a morte.

As origens longínquas

Uma das características das tradições secretas é que a maioria se diz herdeira de conhecimentos e práticas ancestrais: dos antigos egípcios, dos Vedas, de ritos perdidos no tempo.

Sabe-se, com toda a certeza, que na Grécia antiga havia os *ritos órficos*, rituais secretos nos quais se fazia a evocação dos mortos. Havia música e poesia relacionadas com essas práticas. Muito provavelmente eles acreditavam na reencarnação.

Afirma-se, por exemplo, que a cabala judaica existe há muito tempo, desde o tempo de Abraão, portanto antes de Moisés. Dizem seus seguidores que essa tradição foi transmitida oralmente durante milênios e começou a ser escrita apenas nos séculos I e II da nossa era.

Os rosa-cruzes ensinam que suas tradições vêm do Egito antigo.

Archivi Alinari/Isuzu Imagens

Mosaico romano do século I a.C. representando Orfeu tocando lira rodeado de animais. Na mitologia grega, Orfeu é um semideus capaz de encantar todas as criaturas ao tocar seu instrumento. Sua música era tão bela que as feras se acalmavam e as árvores se inclinavam para ouvi-lo melhor.

Fine Art Images/Heritage Images/Getty Images

Bracelete egípcio do século X a.C. com imagem do olho de Hórus, deus que representa a luz e é inimigo do deus da desordem e da violência.

O Egito antigo é o berço das tradições rosa-cruzes. Na foto vemos a Esfinge, à frente, e a Grande Pirâmide de Gizé, atrás. Cairo, Egito, 2018.

Alamy/Fotoarena

Album/Fotoarena/Catedral de São Paulo, Münster, Alemanha

Albumasar, obra do pintor renascentista alemão Hermann Tom Ring (1521-1596). O persa Albumasar (787-886) foi um importante astrólogo e filósofo muçulmano que serviu na corte do Califado Abássida, em Bagdá, Iraque.

O ocultismo

O ocultismo é uma designação genérica. Quem estuda ou se dedica ao oculto, na verdade, pode estar se dedicando às mais diversas doutrinas secretas, como a magia ou a astrologia, por exemplo.

O estudioso romeno naturalizado americano Mircea Eliade (1907-1986), considerado um dos maiores estudiosos da religião no mundo contemporâneo e fundador do moderno estudo das religiões, num de seus livros, explica que:

> *[...] o termo* oculto *foi usado pela primeira vez em 1545, significando aquilo que não é apreendido, ou não é apreensível, pela mente; além do alcance da compreensão ou do conhecimento comum. [...]*

No mesmo livro, ele escreve:

> *Como é sabido, todas as crenças, teorias e técnicas cobertas pelos termos ocultista e esotérico já eram populares na antiguidade tardia. [...]*
>
> *A moda do ocultismo foi criada por um seminarista francês, Alphonse-Louis Constant, nascido em 1810 e conhecido por seu pseudônimo, Eliphas Levi. De fato, o termo* ocultismo *foi cunhado por este quase sacerdote [...].*

ELIADE, Mircea. *Occultism, Witchcraft, and Cultural Fashions*: Essays in Comparative Religions. Chicago: The University of Chicago Press, 1978. p. 48-49. Tradução dos autores.

Ulf Andersen/Getty Images

Mircea Eliade em Paris, França, 1978.

A cabala judaica

A cabala é uma interpretação secreta das leis judaicas. Dizem os cabalistas que, na Torá, há ensinamentos ocultos que só os iniciados conseguem entender.

Algumas de suas ideias são: a crença na reencarnação e no aperfeiçoamento da alma através de várias vidas; a visão de que o Universo é constituído de luz, de que há vários mundos espirituais; e que através do conhecimento e da prática do bem o ser humano pode elevar-se até esses mundos e desenvolver um "sexto sentido" para enxergar as coisas espirituais.

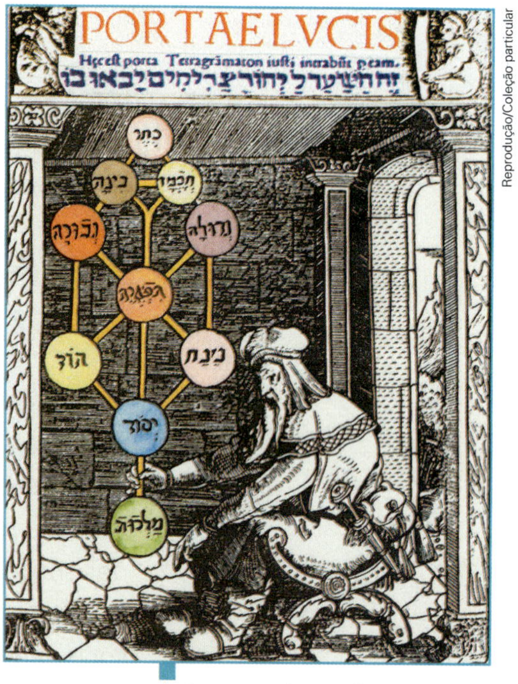

Judeu com a árvore da vida, símbolo cabalístico. As dez esferas, *sefirot*, representam estágios evolutivos do Universo e da alma. Capa da edição do livro *Portae Lucis* (Portais da Luz), do judeu cabalista espanhol Joseph ben Abraham Gikatilla (1248-1305), publicada em Augsburgo, Alemanha, em 1516.

A maçonaria

Com origem no século XV, os maçons (palavra francesa cuja tradução é "pedreiros") começaram a se reunir em sociedades secretas para discutir questões espirituais, filosóficas e sociais que não podiam discutir abertamente. Mas é a partir do século XVIII que a maçonaria ganha força, em especial na França. Por esse motivo é chamada também de *franco-maçonaria*.

Não se trata de uma religião. Pessoas de qualquer religião podem pertencer à maçonaria, embora certas igrejas, como a católica e a evangélica, proíbam seus adeptos de fazerem parte dela. Todos os maçons acreditam em um ser supremo, que chamam de "o Grande Arquiteto" (que construiu o Universo). O objetivo dos maçons é trabalhar pelos ideais de igualdade, liberdade e fraternidade. Pregam a liberdade de pensamento, o progresso social e comprometem-se a ajudar na construção de um mundo melhor.

Ilustração do século XIX de uma cerimônia de iniciação de um novo membro na maçonaria.

Seus locais de reunião são chamados de *lojas*. Quem entra na maçonaria tem de ser iniciado primeiro como aprendiz. Jura segredo a respeito do que se passa nos ritos e promete fidelidade a todos os irmãos maçons. O grau máximo que se pode atingir é o de grão-mestre.

Não foram poucos os artistas, músicos, políticos e filósofos que participaram da maçonaria desde os seus primórdios.

Até o século XIX, época em que a liberdade de expressão ainda era escassa e os movimentos sociais reprimidos com violência, a maçonaria serviu de refúgio para os homens progressistas que queriam mais liberdade de pensamento e ação.

O aspecto que hoje muitos criticam na maçonaria é a exclusão das mulheres nos rituais. As lojas maçônicas eram exclusivamente masculinas. Atualmente, com a maior participação da mulher na sociedade, há também lojas femininas.

Andia/UIG/Getty Images

O esquadro e o compasso maçônicos. A letra "G", entre outras interpretações, seria uma referência à Geometria, a ciência do "Grande Arquiteto do Universo". Arte presente na Grande Loja da França em Montpellier, a terceira maior loja maçônica francesa.

A fraternidade rosa-cruz

Iniciada no século XV pelo alemão Christian Rosenkreuz (1378-1484), essa é também uma ordem secreta que pretende transmitir conhecimentos de iluminação espiritual aos seus adeptos. Para ingressar na fraternidade, o candidato deve fazer longas iniciações e permanentes estudos.

A Ordem Rosacruz promove a cultura egípcia com diversos museus pelo mundo. O acervo em exposição é constituído por artefatos originais e por réplicas de objetos presentes em outros museus. Museu Egípcio Rosacruz em San Jose, Califórnia, Estados Unidos. Foto de 2015.

Os rosa-cruzes explicam assim a sua missão:

A Ordem Rosacruz, AMORC, é uma organização internacional de caráter místico-filosófico, que tem por missão despertar o potencial interior do ser humano, auxiliando-o em seu desenvolvimento, em espírito de fraternidade, respeitando a liberdade individual, dentro da Tradição e da Cultura Rosacruz.

Ordem Rosacruz. *Quem somos*. Disponível em: <www.amorc.org.br/>. Acesso em: 10 maio 2018.

A teosofia

A teosofia tem sua origem no século XIX, fundada por Helena Blavatski (1831-1891). Descendente da nobreza russa e possuidora de grandes poderes mediúnicos, ela começou fazendo sessões espíritas, mas nunca seguiu a doutrina espírita. Viajou o mundo, sobretudo pelo Oriente, e afirmou ter trazido de lá vários livros e ideias antigas e secretas, que passou a divulgar no Ocidente. Para isso, fundou a Sociedade Teosófica.

A teosofia não tem o caráter secreto das outras práticas aqui descritas, pois o desejo de Blavatski foi justamente mostrar ao mundo as ideias que vinham sendo guardadas há tantos milênios.

Integrantes do 12º Congresso Nacional Teosófico em Roma, Itália. Foto de 1912.

O X DA QUESTÃO

1) O que você vê em comum entre as doutrinas apresentadas?

2) Em relação ao ocultismo, as pessoas reagem de duas maneiras: algumas ficam fascinadas e curiosas, outras ficam receosas. E você, que reação experimenta diante do ocultismo? Dê as suas razões.

3) Das vertentes enumeradas neste capítulo, com qual você mais se identifica? Por quê? Caso não se identifique com nenhuma, explique a razão.

BEBENDO NA FONTE TEOSÓFICA

A doutrina escondida

Fine Art Images/Heritage Images/Getty Images

Helena Blavatski.

Helena Blavatski (1831-1891) escreveu sua maior obra, *A doutrina secreta*, em vários volumes. Neste trecho ela resume a origem e as três proposições básicas de sua doutrina:

I. Um ***PRINCÍPIO*** *Onipresente, Sem Limites e Imutável, sobre o qual toda especulação é impossível, porque transcende o poder da concepção humana [...]*

II. A Eternidade do Universo in toto *[inteiro], como plano sem limites [...]*

III. [...] a peregrinação obrigatória para todas as Almas, centelhas daquela Alma Suprema, através do Ciclo de Encarnação, ou de Necessidade [...]

BLAVASTKI, Helena P. *A doutrina secreta*. São Paulo: Pensamento, [s.d.]. v. 1. p. 124-129.

O QUE VOCÊ ENTENDEU?

Todas as doutrinas tratadas neste capítulo (exceto a maçonaria, que não trata dessa questão) admitem a reencarnação. Na sua opinião, por que essa crença é tão universal?

O X DA QUESTÃO

Algumas pessoas consideram os adeptos do ocultismo estranhos, bruxos, magos e até demoníacos. Já outras pessoas os consideram iluminados, especiais, cheios de sabedoria secreta, etc.

Sob a orientação do professor, debata o assunto com seus colegas e, depois, responda às seguintes questões:

Qual a sua posição diante dessas duas atitudes? Qual a que mais lhe agrada? Por quê? Se não for a favor de nenhuma das duas, escreva como agiria em relação ao assunto.

FALANDO DE HISTÓRIA

A maçonaria no Brasil

Embora sua trajetória no Brasil seja pouco conhecida, pois se trata de uma organização secreta, a maçonaria teve uma importante participação na história de nosso país. Hoje a maçonaria já não é tão secreta como no passado, um exemplo disso é que as lojas maçônicas podem ser facilmente identificadas. Seus princípios de liberdade, igualdade e fraternidade sempre inspiraram mudanças e revoluções sociais no mundo inteiro.

A Revolução Francesa (1789-1799) trouxe os ideais maçons para a humanidade. No entanto, justamente por causa de seus ideais, os maçons sofreram inúmeras perseguições, obrigando seus integrantes a manter as reuniões em segredo.

A primeira loja maçônica brasileira surgiu em 1801, filiada à loja francesa. A partir de 1809, outras lojas apareceram em território nacional. José Bonifácio de Andrada e Silva (1763-1838), o Patriarca da Independência, foi o primeiro grão-mestre da maçonaria no país.

Estima-se que haja aproximadamente 150 mil maçons brasileiros e 4 700 lojas em território nacional. Na foto, vemos a fachada da Loja Maçônica Atalaia do Norte, no centro histórico de Diamantina (MG), em 2016.

João Prudente/Pulsar Imagens

Vários movimentos sociais no Brasil tiveram a ajuda da maçonaria. Segundo alguns historiadores, no fim do século XVIII, todos os integrantes da Inconfidência Mineira, com Tiradentes à frente, eram maçons. Os ideais de independência do Brasil também foram apoiados e divulgados pela maçonaria brasileira, pois seus integrantes não aceitavam a subordinação do país a Portugal.

A conquista da República no Brasil também teve forte participação da maçonaria. Os republicanos, que pretendiam acabar com a monarquia e instaurar um Estado brasileiro, como nas principais nações europeias e americanas, contaram com a defesa e a divulgação dos seus ideais pelas lojas maçônicas, espalhadas pelo país.

Luiz Souza/Fotoarena

Monumento a José Bonifácio de Andrada e Silva, datado de 1872, no Largo de São Francisco de Paula, no centro do Rio de Janeiro (RJ). Foto de 2016.

O primeiro presidente do Brasil – Marechal Deodoro da Fonseca (1827-1892) – era maçom. E ainda na República Velha tivemos outros presidentes maçons: Floriano Peixoto, Campos Salles, Hermes da Fonseca. A campanha abolicionista pela libertação dos escravos tinha vários maçons nas suas fileiras. Os que mais se destacaram foram Joaquim Nabuco, Eusébio de Queirós e Quintino Bocaiuva.

Até hoje a maçonaria tem muitos adeptos no Brasil e mantém um lugar de destaque na vida do país.

AGORA É COM VOCÊ

No contexto histórico dos séculos passados, você considera válido se reunir em uma sociedade secreta como faziam os maçons? Isso é necessário hoje em dia? Argumente.

O gosto pelo esotérico

Fala-se muito, hoje, em esoterismo, em ocultismo, em magia, em astrologia, em mistérios vários. Fadas, duendes, bruxos, amuletos, cristais, tudo se mistura num grande modismo. E isso não apenas no Brasil, mas em vários países do mundo.

A leitura de livros esotéricos, ocultistas, mágicos; as consultas para saber sobre os mistérios da vida, sobre o futuro e para renovar as energias são coisas que fascinam o público. Os livros de esoterismo e magia figuram entre os mais vendidos. Muita gente tem lucrado com isso: escritores, editoras, a mídia, o cinema.

A maior parte dessas publicações, no entanto, não fala com seriedade das tradições comentadas até aqui. Apresentam os assuntos misturados e de forma superficial, apenas para vender. Com isso, cada vez mais as pessoas estão consumindo as mensagens de um misticismo sem profundidade. Aliás, isso é típico do mundo atual, em que tudo vira objeto de comércio lucrativo. De um lado, temos pessoas interessadas em vender uma "salada mística" que agrade a todos. De outro, temos o público, que procura uma espiritualidade sem muito compromisso.

Em todas as tradições religiosas que estamos estudando, inclusive as esotéricas, há a necessidade de um engajamento sério. Mas o que se quer hoje em dia é apenas a satisfação de uma curiosidade do que é oculto e exótico, misterioso e diferente.

Não devemos ter preconceito em relação à busca de espiritualidade das pessoas. Devemos respeitar a liberdade de pensamento e de expressão de cada indivíduo. No entanto, é preciso ter certo olhar crítico em relação aos modismos.

Vale ficarmos atentos a essas "avalanches" de misticismo confuso que são apresentadas e que consumimos diariamente, como se fossem resolver nossos problemas existenciais ou as grandes questões do mundo. Talvez seja mais proveitoso dirigir a atenção aos problemas sociais e políticos com os quais convivemos e consumir uma literatura menos superficial e mais cultural.

Busquemos nas religiões mensagens universais de paz, justiça, amor e fraternidade. Cultivemos uma espiritualidade mais profunda, pensada e comprometida. Só assim traremos de volta a esperança de um mundo melhor.

O esoterismo de consumo.

ISA/Acervo da editora

AGORA É COM VOCÊ

Sob a orientação do professor, reúna-se com seus colegas em pequenos grupos e façam uma pesquisa na escola com as seguintes perguntas: Você acredita em fadas e duendes? Você gostaria de saber sobre magia? Você acredita em magos?

Formule quantas perguntas achar necessário para fazer uma boa reportagem sobre como está a cabeça das pessoas em relação ao esoterismo. Depois, discutam na classe os resultados.

FALANDO DE ARTE SACRA

Arte e ocultismo

A arte do oculto está relacionada a símbolos que expressam as doutrinas e as práticas das ordens secretas. Por exemplo, entre os maçons existem inúmeros símbolos. Entre eles, destacamos o esquadro e o compasso, que representam a retidão e o equilíbrio que o maçom deve ter. Na cabala, há o belo simbolismo da árvore da vida.

Franco Origlia/Getty Images

Selo dos cavaleiros templários, cunhado no ano 1150. A Ordem dos Cavaleiros Templários de Cristo e do Templo de Salomão, mais conhecida como Ordem dos Templários, foi um grupo religioso e militar fundado em 1118, em Jerusalém, com o objetivo de proteger os peregrinos cristãos que visitavam a Terra Santa. Com o passar do tempo, eles se tornaram tão misteriosos e influentes que despertaram o medo de diversos poderosos da época. Em 1307, por ordem do papa, os membros da ordem foram presos, acusados de heresia e queimados em fogueiras. Com isso, a ordem foi desfeita e muitos segredos perdidos.

TopFoto/Keystone

Representação da árvore da vida, símbolo da cabala.

Album/Fotoarena/Biblioteca Nacional, Paris, França

Gravura de 1785. A árvore do conhecimento do bem e do mal da Ordem Rosacruz.

SESSÃO DE CINEMA

A flauta mágica

Wolfgang Amadeus Mozart, 1791.

Essa é a ópera de Mozart na qual ele utiliza vários símbolos maçons. A iniciação de Tamino e Pamina segue provavelmente a simbologia maçônica. Mozart pertenceu à maçonaria. Com essa ópera ele faz uma crítica a um de seus aspectos.

Procure assistir à adaptação da ópera indicada pensando nesta questão:

Em que ponto o autor critica a maçonaria?

Album/Fotoarena/Sociedade Musical de Viena, Áustria

E PARA TERMINAR

Este anúncio foi publicado na internet:

2º Mercado Místico

EDIÇÃO AV. PAULISTA

- *Produtos místicos e esotéricos – roupas, livros, pedras, mandalas, velas, incensos, perfumes, bijuterias, acessórios diversos – do Egito, Peru, Índia, Equador, África, Brasil*
- *Previsões a preços especiais com os principais oraculistas do país (quiromancia, cartomancia, runas, tarô, baralho cigano, borra de café, etc.)*
- *Atendimentos terapêuticos*
- *Praça de alimentação*

Disponível em: <http://artshine.com.br/eventos/2mercado-mistico/>. Acesso em: 10 maio 2018.

Evento Mercado Místico/Rafa Guirro

2º Mercado Místico, em São Paulo (SP), 2016.

1) Faça um comentário sobre o anúncio, com base no que foi estudado neste capítulo.

2) Uma das características do esoterismo de mercado é a promessa de solução imediata dos problemas e de realização espiritual instantânea. Você considera isso possível? Justifique.

3) Você teria curiosidade de ir a esse mercado? Por quê?

Senhor, que és o céu e a terra, e que és a vida e a morte! O sol és tu e a lua és tu e o vento és tu! Tu és os nossos corpos e as nossas almas e o nosso amor és tu também. Onde nada está tu habitas e onde tudo estás — (o teu templo) — eis o teu corpo.
Dá-me alma para te servir e alma para te amar. Dá-me vista para te ver sempre no céu e na terra, ouvidos para te ouvir no vento e no mar, e mãos para trabalhar em teu nome.
Torna-me puro como a água e alto como o céu. Que não haja lama nas estradas dos meus pensamentos nem folhas mortas nas lagoas dos meus propósitos. Faz com que eu saiba amar os outros como irmãos e servir-te como a um pai.
[...]
Minha vida seja digna da tua presença. Meu corpo seja digno da terra, tua cama. Minha alma possa aparecer diante de ti como um filho que volta ao lar.
Torna-me grande como o Sol, para que eu te possa adorar em mim; e torna-me puro como a lua, para que eu te possa rezar em mim; e torna-me claro como o dia para que eu te possa ver sempre em mim e rezar-te e adorar-te.
Senhor, protege-me e ampara-me. Dá-me que eu me sinta teu. Senhor, livra-me de mim.

Fernando Pessoa.

Disponível em: <http://arquivopessoa.net/textos/4479>. Acesso em: 10 maio 2018.

E+/Getty Images

Crianças de diferentes religiões e etnias convivendo na escola. Canadá, 2017.

15

Os direitos de todas as pessoas

Os direitos humanos

Provavelmente você já deve ter ouvido falar em direitos humanos. Você sabe o que é isso? Esses direitos mudam com o tempo ou permanecem sempre iguais? Dependem do país ou servem para qualquer lugar? Essas são perguntas comuns sobre o assunto.

As pessoas sempre tiveram leis para viver em sociedade e regular sua convivência. As leis humanas são muito antigas. No começo, as leis estavam ligadas à ética das religiões. Apenas depois é que foram separadas. Mas as leis humanas continuaram herdeiras das religiões. Existiram leis que ficaram famosas e tiveram grande importância no desenrolar dos fatos históricos: o Código de Hamurábi, na Mesopotâmia; entre os judeus, as leis mosaicas; na Grécia, as leis de Sólon e Péricles; a Lei das Doze Tábuas, em Roma; os éditos do rei indiano Ashoka. Isso somente para citar os mais antigos códigos legais escritos.

Album/Fotoarena/Palazzo Madama, Roma, Itália

No início, os cidadãos romanos mais pobres (plebeus) não tinham direitos e dependiam dos mais poderosos da sociedade. Com o passar do tempo, os plebeus passaram a exigir que as leis fossem escritas, garantindo, assim, maior igualdade de direitos entre todos os cidadãos. Dessa forma surgiu a Lei das Doze Tábuas. Após muitas discussões, as leis foram registradas em tábuas de carvalho e ficavam expostas para que todos tivessem acesso à informação. No afresco de Cesare Maccari (1840-1919), vemos Cícero (106-43 a.C.), político e advogado romano, no Senado durante um julgamento.

Os direitos dos seres humanos, tais como os conhecemos hoje, sofreram a influência dessas leis antigas. Os direitos humanos fundamentais foram declarados em 1948 pela Organização das Nações Unidas (ONU). Seu texto declara que todos os seres humanos nascem livres e iguais em dignidade e direito.

Mas, afinal, o que são os direitos humanos? São princípios que servem para todas as nações, porque têm a intenção de garantir o respeito entre as pessoas e a proteção do ser humano. Esses direitos fundamentais são para todos os indivíduos, independentemente de sexo, raça, credo ou convicção político-filosófica. E devem garantir às pessoas uma vida com dignidade e felicidade.

Rene Saint Paul/Rue des Archives/Latinstock

Terceira reunião que antecedeu a declaração dos direitos humanos fundamentais, em Paris, França, 1948.

A declaração dos direitos humanos elege a fraternidade como guia das relações entre as pessoas e entre os povos. A fraternidade é uma lei da vida. Desde o nosso nascimento, não podemos sobreviver sem o amor fraterno das pessoas. Até a fase adulta, sempre necessitamos de nosso semelhante para sobrevivermos e sermos felizes. É fácil, pois, perceber que, sem a ideia que serviu como ponto de partida para a Declaração dos Direitos Humanos – a solidariedade entre todos –, não haveria vida.

Os direitos humanos declaram que todos os seres humanos têm necessidades que devem ser atendidas para que todos possam viver com justiça. Assim, por exemplo, a vida é uma necessidade de todos, e sua preservação deve ser defendida como direito fundamental. Mas a observação e a experiência nos mostram que, para viver bem, o ser humano precisa de saúde, educação, trabalho, terra, moradia e outras tantas coisas.

Sergio Pedreira/Pulsar Imagens

O direito à educação é um dos mais importantes. Receber boa instrução significa possibilitar um futuro melhor, com menos desigualdade social e econômica e mais cidadania, para muitas pessoas. Foto de uma sala de aula no povoado de Vargem Funda (BA), 2014.

As raízes desses direitos

A ideia dos direitos humanos não surgiu do nada. É uma história de muita luta contra as injustiças, em favor da liberdade e da vida. Essa história, como vimos, começa com as ideias ético-religiosas. A maioria das religiões contribuiu de alguma forma com ideias-sementes de justiça, fraternidade, generosidade, que são a base dos direitos humanos.

O cristianismo deu como herança à civilização a ideia de que todos os seres humanos são irmãos, porque são filhos de um mesmo Deus, não importando sua cor de pele, seu sexo ou sua condição social. Esse é o princípio de igualdade proclamado pela Declaração

Diego Herculano/NurPhoto/Getty Images

Criança tomando banho em escombros depois de incêndio na favela onde residia. Recife (PE), 2016.

Robert Nickelsberg/Getty Images

Um lar seguro para crescer e se desenvolver é um direito de todos. Muitas vezes, por causa de problemas como conflitos políticos ou problemas sociais, milhares de pessoas precisam sair de seus lares e buscar refúgio em locais mais seguros. Na imagem temos uma família de refugiados butaneses em um novo lar em Burlington, Vermont, Estados Unidos. Foto de 2008.

Universal. No islamismo e no budismo há também o princípio da igualdade entre todas as criaturas. Outra característica do pensamento cristão que tem profundas consequências para a dignidade humana é considerar o ser humano um templo de Deus. Assim, como o templo divino pode ser torturado, pode morrer de fome, ficar desabrigado ou ser discriminado?

É verdade que, muitas vezes, as próprias religiões agiram e ainda parecem agir contra os direitos humanos, restringindo a liberdade, desrespeitando a vida das pessoas. Mas isso é um abuso dos seres humanos, que não compreendem e não praticam os ideais que as religiões ensinam.

Jan Hetfleisch/Getty Images

Pessoas em trabalho informal insalubre recolhendo material reciclável, retirando do lixo seu sustento. Nairobi, Quênia, 2018.

Gabriel Bouys/Agência France-Presse

Homem com síndrome de Down trabalhando em um restaurante italiano. Por meio do trabalho digno as pessoas são valorizadas e têm a oportunidade de colaborar de maneira positiva para o progresso da sociedade. Roma, Itália, 2014.

Uma história mais recente

Bettmann/Corbis/Latinstock

Cartaz de 1853 para a comemoração do Dia da Independência Estadunidense. No topo o lema latino *E Pluribus Unum* (De muitos, um). Na parte inferior a imagem dos três principais agentes da independência: George Washington, John Hancock e Thomas Jefferson.

Foi a partir do século XVIII que as pessoas começaram a se manifestar politicamente em favor dos seus direitos fundamentais. As principais declarações de direitos humanos – base para lutas posteriores, inclusive para a declaração atual – foram a estadunidense e a francesa. Em 1776, a Revolução Americana formulou a Declaração de Independência e dos Direitos dos Cidadãos. Em 1789, os franceses elaboraram a Declaração dos Direitos do Homem e do Cidadão. O documento francês foi o primeiro a declarar que esses direitos serviam para todos os seres humanos, independentemente do país em que viviam.

Os países que assinaram a Declaração dos Direitos Humanos comprometeram-se a respeitar e garantir esses direitos. O Brasil foi um desses países. Cabe ao cidadão cobrar dos governantes o empenho por uma sociedade mais humana.

No século XXI, porém, o respeito aos direitos humanos ainda é uma realidade distante. Muitas pessoas trabalham por eles na educação, em palestras, livros, artigos, protestos, críticas nacionais e internacionais e outras formas de atuação. Mas ainda falta muito. Existe um movimento concreto, histórico, mundial de luta. É esse movimento que nos dá o direito de sermos otimistas e acreditar que um dia todas as pessoas terão seus direitos fundamentais garantidos.

O X DA QUESTÃO

1) Em sua opinião, o que você elegeria como um direito humano fundamental? Você considera esse direito respeitado no Brasil e no mundo? Comente.

2) Se você fosse trabalhar como militante dos direitos humanos, para que lugar do mundo iria? Ou ficaria mesmo no Brasil? Explique as suas razões.

3) Você concorda que os direitos humanos devem ser respeitados por todos os países? Ou acha que cada país deve agir de acordo com suas leis? Justifique sua resposta.

FALANDO DE DIREITOS HUMANOS

A Declaração Universal dos Direitos Humanos

Na Declaração Universal dos Direitos Humanos está escrito que todos os seres humanos merecem viver dignamente e em igualdade de direitos. Os Estados que a assinam devem promover o respeito à declaração. Assim, a Assembleia Geral das Nações Unidas proclama:

Artigo I – Todas as pessoas nascem livres e iguais em dignidade e direitos. São dotadas de razão e consciência e devem agir em relação umas às outras com espírito de fraternidade.

Artigo II – Toda pessoa tem capacidade para gozar os direitos e as liberdades estabelecidas nesta Declaração, sem distinção de qualquer espécie, seja de raça, cor, sexo, língua, religião, opinião política ou de outra natureza, origem nacional ou social, riqueza, nascimento, ou qualquer outra condição. [...]

Artigo III – Toda pessoa tem direito à vida, à liberdade e à segurança pessoal.

Artigo IV – Ninguém será mantido em escravidão ou servidão; a escravidão e o tráfico de escravos serão proibidos em todas as suas formas.

Artigo V – Ninguém será submetido à tortura, nem a tratamento ou castigo cruel, desumano ou degradante.

Artigo VI – Toda pessoa tem o direito de ser, em todos os lugares, reconhecida como pessoa perante a lei.

Artigo VII – Todos são iguais perante a lei e têm direito, sem qualquer distinção, a igual proteção da lei. Todos têm direito a igual proteção contra qualquer discriminação que viole a presente Declaração e contra qualquer incitamento a tal discriminação. [...]

Artigo IX – Ninguém será arbitrariamente preso, detido ou exilado. [...]

William James Warren/Science Faction/Getty Images

Homem negro detido arbitrariamente na Campanha dos Pobres, na qual cidadãos negros lutavam por direitos, em 1968, nos EUA.

Artigo XII – Ninguém será sujeito a interferências na sua vida privada, na sua família, no seu lar ou na sua correspondência, nem a ataques à sua honra e reputação. Toda pessoa tem direito à proteção da lei contra tais interferências ou ataques. [...]

Artigo XVI – Os homens e mulheres de maior idade, sem qualquer restrição de raça, nacionalidade ou religião, têm o direito de contrair matrimônio e fundar uma família. Gozam de iguais direitos em relação ao casamento, sua duração e sua dissolução.

O casamento não será válido senão com o livre e pleno consentimento dos nubentes.

A família é o núcleo natural e fundamental da sociedade e tem direito à proteção da sociedade e do Estado.

Artigo XVII – Toda pessoa tem direito à propriedade, só ou em sociedade com outros.

Ninguém será arbitrariamente privado de sua propriedade.

Artigo XVIII – Toda pessoa tem direito à liberdade de pensamento, consciência e religião; este direito inclui a liberdade de mudar de religião ou crença e a liberdade de manifestar essa religião ou crença, pelo ensino, pela prática, pelo culto e pela observância, isolada ou coletivamente, em público ou em particular.

Artigo XIX – Toda pessoa tem direito à liberdade de opinião e expressão; este direito inclui a liberdade de, sem interferência, ter opiniões e de procurar, receber e transmitir informações e ideias por quaisquer meios e independentemente de fronteiras. [...]

Augusto Dauster/Fotoarena

Artigo XXII – Toda pessoa, como membro da sociedade, tem direito à segurança social e à realização, pelo esforço nacional, pela cooperação internacional de acordo com a organização e recursos de cada Estado, dos direitos econômicos, sociais e culturais indispensáveis à sua dignidade e ao livre desenvolvimento da sua personalidade. [...]

Artigo XXIV – Toda pessoa tem direito a repouso e lazer, inclusive a limitação razoável das horas de trabalho e a férias periódicas remuneradas.

Camelôs usando o direito da liberdade de expressão e se manifestando pelo direito de trabalhar, em Brasília (DF). Foto de 2015.

iStockphoto/Getty Images

As famílias são o núcleo fundamental da sociedade. Portanto, todos os direitos devem ser assegurados. Em uma família bem estruturada todos os membros se ajudam e protegem uns aos outros, mesmo quando enfrentam alguma dificuldade. Foto de uma família na Sérvia, 2018.

Artigo XXV – Toda pessoa tem direito a um padrão de vida capaz de assegurar a si e a sua família saúde e bem-estar, inclusive alimentação, vestuário, habitação, cuidados médicos e os serviços sociais indispensáveis, e direito à segurança em caso de desemprego, doença, invalidez, viuvez, velhice ou outros casos de perda dos meios de subsistência em circunstâncias fora de seu controle.

A maternidade e a infância têm direito a cuidados e assistência especiais. Todas as crianças, nascidas dentro ou fora de matrimônio, gozarão da mesma proteção social.

Artigo XXVI – Toda pessoa tem direito à instrução. A instrução será gratuita, pelo menos nos graus elementares e fundamentais. A instrução elementar será obrigatória. A instrução técnico-profissional será acessível a todos, bem como a instrução superior, esta baseada no mérito.

A instrução será orientada no sentido do pleno desenvolvimento da personalidade humana e do fortalecimento do respeito pelos direitos humanos e pelas liberdades fundamentais. A instrução promoverá a compreensão, a tolerância e a amizade entre todas as nações e grupos raciais ou religiosos, e coadjuvará as atividades das Nações Unidas em prol da manutenção da paz.

Os pais têm prioridade de direito na escolha do gênero de instrução que será ministrada a seus filhos.

Declaração Universal dos Direitos Humanos. Disponível em: <http://unesdoc.unesco.org/images/0013/001394/139423por.pdf>. Acesso em: 16 maio 2018.

Sergio Pedreira/Pulsar Imagens

Alunos estudando em escola de jovens e adultos porque não tiveram oportunidade de estudar anteriormente. Salvador (BA), 2017.

O QUE VOCÊ ENTENDEU?

Enumere pelo menos quatro direitos de qualquer ser humano que você considera fundamental para a nossa vida.

DE OLHO NO BRASIL

Os direitos humanos em nosso país

No Brasil, os princípios da Declaração Universal dos Direitos Humanos só foram incorporados pela Constituição de 1988. As anteriores não faziam isso. A atual Constituição mostra a proposta de nossa política para os direitos humanos. É, portanto, recente a adoção desses princípios em nossas leis.

A implantação da lei dos direitos humanos em nosso país enfrentou problemas políticos. Para se ter uma ideia de como nossos políticos olhavam o tema com desprezo, em 1987 e 1991 a Câmara dos Deputados arquivou projetos de criação de uma Comissão Permanente de Direitos Humanos.

Somente de 1991 a 1995 é que o Congresso Nacional tomou importantes medidas relacionadas aos direitos humanos. Foram criadas comissões para averiguar os desaparecimentos de políticos na época da ditadura, cuidar da infância e protegê-la contra a violência e criar medidas preventivas em relação à violência contra a mulher, contra a exploração sexual de crianças e adolescentes, entre outras. Essas medidas demonstram que finalmente a sociedade, as autoridades e os políticos estavam mais conscientes da necessidade dos direitos humanos. Durante todo esse processo, foi grande a participação de grupos e organizações não governamentais, as ONGs.

Para que as crianças das comunidades ribeirinhas não percam o direito de estudar, uma lancha faz o transporte escolar. Rio Cuieiras, Manaus (AM), 2014.

Marcos Amend/Pulsar Imagens

Em 1995, foi criada a Comissão de Direitos Humanos na Câmara dos Deputados e, no mesmo ano, a Secretaria Nacional de Direitos Humanos. A comunidade internacional reconheceu os avanços na discussão dos direitos humanos no Brasil, mas condena as dificuldades de colocar os princípios em prática.

Uma lei importante entre nós é o Estatuto da Criança e do Adolescente, que protege os direitos da infância.

Mesmo com os avanços, ainda nos falta muito. Somos um país rico em todos os sentidos, mas convivemos com muita pobreza e violência. Milhões de pessoas vivem na pobreza e não têm seus direitos garantidos. O Estado brasileiro destina poucos serviços e subsídios aos pobres. Para podermos garantir os direitos humanos em nosso país, é preciso vontade política e mobilização social.

Mais recentemente, os direitos humanos no Brasil têm sido objeto de ataques de setores radicais conservadores, com alegações simplistas e mentirosas, de que os direitos humanos existem para "defender bandido".

Os direitos humanos são para todas as pessoas, para o policial e para quem infringiu a lei, para homens e mulheres, para brancos e negros. Basta ser humano para ter o direito à vida, à integridade física, a um julgamento justo. Ninguém pode ser torturado, condenado sem direito à defesa, preso por suas opiniões e crenças, perseguido por sua orientação sexual ou por sua religião.

Quanto mais um país preze pela proteção aos direitos humanos, menos injustiças, menos sangue derramado.

Diante das necessidades sociais, diversas pessoas e instituições se empenham na promoção dos direitos humanos fundamentais. É o caso, por exemplo, de diversas ONGs que promovem saúde, educação, segurança, bem-estar, etc. para pessoas em situação de vulnerabilidade. Na foto vemos jovens de baixa renda participando de um dos projetos socioeducativos na ONG Casa do Zezinho, que já atendeu mais de 20 mil pessoas desde 1994, quando foi fundada numa área carente de São Paulo (SP). Foto de 2017.

Tom Vieira Freitas/Fotoarena

FALANDO DE LEGISLAÇÃO

A Declaração dos Direitos da Criança

Não são apenas homens e mulheres adultos que têm direitos. As crianças também os têm. Janusz Korczak (1878-1942), médico e educador judeu-polonês, foi um dos que mais trabalharam pelos direitos das crianças. Desde os 15 anos tinha vontade de redigir um grande tratado destinado às crianças. Na década de 1920, fundou o primeiro semanário do mundo, de grande tiragem, elaborado por crianças e adolescentes. Korczak era um educador inovador e preocupado sinceramente com as crianças. Acabou trabalhando mais pelas crianças pobres, oprimidas e deserdadas. Dedicou sua vida à infância e morreu com duzentas crianças órfãs, depois de se negar a abandoná-las, em um campo de concentração nazista.

Semanário: publicação semanal.

Em setembro de 1924, em Genebra, na Suíça, o mundo começou a ver, como Korczak, que as crianças precisam de respeito e amor, e seus direitos devem ser respeitados. Uma comissão de especialistas no assunto afirmou que as crianças necessitavam de uma declaração com os seus direitos.

Album/Fotoarena

Janusz Korczak em orfanato em Varsóvia, Polônia, cerca de 1940.

Mesmo depois da Declaração Universal dos Direitos Humanos, havia um reconhecimento geral de que as condições especiais da criança exigiam uma declaração exclusiva. As crianças, em virtude de sua imaturidade física e mental, precisam de proteção e cuidados especiais, seja antes ou depois do seu nascimento. Assim, no dia 20 de novembro de 1959, por aprovação unânime, a Assembleia Geral das Nações Unidas proclamou a Declaração dos Direitos da Criança.

A declaração possui dez princípios muito bem elaborados. Ela afirma os direitos da criança à proteção especial e a um desenvolvimento feliz, sadio e normal e em condições de dignidade. Toda criança tem direito a alimentação, habitação, recreação e assistência médica adequada. As crianças portadoras de deficiência ou incapacitadas têm direito a tratamento, educação e cuidados especiais. A infância precisa se desenvolver em um ambiente de afeto e segurança e, sempre que possível, sob os cuidados dos pais. E deve receber proteção contra todos os atos de exploração e discriminação.

UIG/Getty Images

Korczac e as crianças do gueto (1978), escultura de Boris Saktsier, em exposição no Memorial Yad Vashem, em Jerusalém. Foto de 2017.

Sebastian Gil Miranda/Getty Images Reportage

A professora Tuany Nascimento, criadora do projeto "Nas pontas dos pés", oferece aulas de balé no Complexo do Alemão, Rio de Janeiro (RJ). Foto de 2015.

AGORA É COM VOCÊ

Na sua opinião, os seus direitos de adolescente estão sendo respeitados? Elabore sua resposta com argumentos e fatos.

O X DA QUESTÃO

Diariamente vemos na mídia críticas feitas aos defensores dos direitos humanos que pedem melhores condições de vida para todas as pessoas, inclusive para os jovens que cometem crimes. Para esses críticos, os direitos humanos só teriam serventia para proteger criminosos. Consideram que fatos que envolvem violência, marginalidade e roubo são casos de polícia e precisam de severos castigos para sua correção, até mesmo com a pena de morte. Outros entendem que a violência e a criminalidade são fruto de graves problemas sociais. Para estes, a criminalidade somente acabará quando houver menos pobreza e miséria, mais igualdade, educação e dignidade para todos os seres humanos.

Sob a orientação do professor, debata o assunto com seus colegas e, depois, responda às seguintes questões:

Você considera que quem comete um crime deve ser severamente punido? Isso resolve a questão? Quanto pior o castigo, menor a criminalidade? Justifique sua resposta.

AGORA É COM VOCÊ

Sob a orientação do professor, dividam-se em grupos e façam um jornal sobre os direitos humanos. Pesquisem em livros e na internet: artigos, imagens, *sites* sobre os direitos humanos. Colham diversas opiniões e experiências. Organizem as ideias e as pesquisas e montem um jornal.

Gueto: bairro onde os judeus eram forçados a morar durante a Segunda Guerra Mundial.

Reprodução/Andrzej Wajda/FJL Video

SESSÃO DE CINEMA

As 200 crianças do Dr. Korczak

Direção de Andrzej Wajda. Perspektywa, 1990.

O filme retrata cenas da vida de Janusz Korczak e sua atuação com as crianças órfãs no gueto de Varsóvia, na época da ocupação nazista. Mostra ainda sua morte no campo de concentração.

Procure assistir ao filme indicado pensando nesta questão:

Como Korczak realizou na prática o respeito aos direitos das crianças?

E PARA TERMINAR

Leia o poema e responda às questões.

Todos os homens são livres,
Todos os homens iguais
Com idênticos deveres
Com igual direito à paz!

Direito à vida, à saúde,
Direitos em profusão
Todos os homens os têm,
Mas quantos o saberão?

Deveres também os têm,
Deveres de cidadão,
Mas quantos já os conhecem,
Se lhes falta educação?

Igualdade é uma palavra
Muito bela de se usar,
Mas quem fará que ela valha
entre a favela e o jaguar?

Liberdade é uma palavra
Bonita de se dizer,
Mas quem poderá achá-la
Onde há gente a fenecer?

Justiça é palavra imensa,
Que se gosta de invocar,
Mas quando se pode vê-la
Agindo em qualquer lugar?

Todos os homens são livres,
Todos os homens iguais...
Se disso não há ciência
Alguns poucos valem mais.

Para que as belas palavras
Não se dispersem ao vento,
Semeie-se consciência,
Cultive-se sentimento!

A lei garante a justiça,
Mas para quem a conhece,
Só há justiça na lei,
Se o homem fraterno a tece!

INCONTRI, Dora.

"Faça aos outros o que você quer que façam a você." Obra de Norman Rockwell (1894-1978), intitulada *Golden Rule* (Regra de Ouro), feita em 1961, representando um ideal de fraternidade universal.

1) O poema está de acordo com os direitos humanos? Por quê?

2) O poema questiona a igualdade e pergunta: "quem fará que ela valha entre a favela e o jaguar?". Na sua opinião, de quem deve ser a responsabilidade de fazê-la valer em todo lugar? Por quê?

3) Segundo o poema, qual é o caminho para não deixarmos os direitos se tornarem palavras vazias?

Pai nosso,
que estais no céu,
se ainda há céu
na altura a que o engenho leva
o bicho da terra
em guerra.

Venha a nós
vosso reino,
mas não seja
imposto da vida
a vida.

E o pão difícil
que nem todos têm,
dai-nos,
e a força de o repartir bem.
Amém.

Geir Campos.

Oração recoordenada. Disponível em: <www.escritas.org/pt/geir-campos>. Acesso em: 12 maio 2018.